莫友芝全集

五

【清】莫友芝　著
梁光華等　點校

上海古籍出版社

本册目次

郘亭知見傳本書目

梁光華 歐陽大霖 點校

點校説明

莫友芝《郘亭知見傳本書目》是晚清以來中國目録版本學的代表著作，原是莫氏在《欽定四庫全書簡明目録》（清乾隆通志堂經解本，莫氏部分手批稿本今藏於上海圖書館）上批註而成之書，採録了邵懿辰所見《經籍筆記》和汪家驤（疑爲「士驤」之誤。）在邵本上的筆記内容。莫友芝之批註生前并未整理成書。莫氏同治十年（一八七一）九月辭世後，其子莫繩孫仲武依父之手迹鈔録爲《郘亭知見傳本書目》十六卷，分爲經部、史部、子部、集部四册，共計七百九十二頁。莫繩孫此原鈔本并未付梓，未曾公開流傳。幾經輾轉，一九三八年，現代著名藏書家、版本目録學家潘景鄭「斥二百金」購得莫繩孫原鈔本，新中國成立後將所購莫繩孫原鈔本捐贈給國家，今藏於國家圖書館。

本次點校整理出版《郘亭知見傳本書目》，即以藏於國家圖書館的莫繩孫唯一原鈔本爲底本。一九一四年天津官報書局刻印的藏園本《郘亭知見傳本書目》（簡稱「藏園本」），以及當代公認爲最全面最好的中華書局二〇〇九年出版的傅增湘增訂、傅熹年整理的《藏園訂補郘亭知見傳本書目》（簡稱「訂補本」）均增入不少内容，已非《郘亭知見傳本書目》原書原貌，僅作爲參校本。

另外，整理者將《邵亭知見傳本書目》所記書目，與莫友芝《宋元舊本書經眼録》及其《持靜齋藏書紀要》所記部分相同書目，進行互校，并寫成校勘記，讓讀者可獲知更多信息。這是後世點校本所没有的内容。

整理体例如下：

一、一九一四年天津藏園本天頭所增印之小字眉批語不是莫繩孫原鈔本之内容。這些眉批語究竟何爲莫棠批註語，何爲勞格批註語，何爲張鈞衡、張芹伯父子批註語，何爲田中慶太郎批註語，何爲其他人批註語，今已不可詳考，然因有一定參考價值，故此次整理，於校勘記中録出。

二、莫繩孫原鈔本夾有一些浮簽紙，亦于校勘記録出浮簽紙上的文字内容。

三、莫繩孫原鈔本所脱之字，今重校則以括弧標示所據補之字；原鈔本所誤之字，今重校亦以括弧標示所訂誤之字；原鈔本所空缺之字，今重校則以「□」標示。原鈔本所脱、所誤和所缺之處，均出校勘記説明。

四、莫繩孫原鈔本各書目及批註語中的避諱字，第一次出現則改回原字，并出校説明；以後出現相同的避諱字，則徑改，不再出校説明。

梁光華　歐陽大霖　二〇一二年十一月二十六日

先君子于經籍刊板善劣、時代，每箋志《四庫簡目》當條之下，間及存目。其《四庫》未收者，亦記諸上下方。又采録邵位西年丈懿辰所見《經籍筆記》益之。邵本有汪鋅樵先生家驤朱筆記〔一〕，并取焉。同治辛未，先君子棄養，繩孫謹依録爲十六卷。凡經部四庫存目者三，四庫未收者百十八〔二〕；史部存目者二十八，未收者二百有十；子部存目者十四，未收者百九十八；集部存目者一，未收者百二十一。其《四庫》已著録未箋傳本者：經部四十五，史部五十六，子部二十五，集部六十五〔三〕，并闕之。蓋是書當與《簡明目録》合觀也。癸酉長夏，第二男繩孫謹志〔四〕。

【校勘記】

〔一〕家驤：按，汪鋅樵名士驤，作「家驤」，疑誤。

〔二〕「四庫」前原衍「未」字，已刪。

〔三〕藏園本、訂補本等印本均無「經部四十五，史部五十六，子部二十五，集部六十五」二十字。

〔四〕此跋原題於總目後，因新編目録，故刪去總目。原總目首頁右側有一段旁注：「宣統元年正月，京都以活字聚印此書，十六卷，共叁百玖拾柒頁。外董康序叁頁，共四百頁。襯紙裝，拾本，係用紅江好毛邊紙印，頭脚後腦均寬，惜錯脱字太多，價定陸兩太貴。」按：清宣統元年日本書商田中慶太郎排印本標價爲：「每部實價足銀六兩。」

目録

邵亭知見傳本書目卷六

邵亭知見傳本書目卷七

邵亭知見傳本書目卷八

邵亭知見傳本書目卷九

邵亭知見傳本書目卷十

邵亭知見傳本書目卷十一

郘亭知見傳本書目卷一

經部一〔一〕

五經古注：乾隆中仿宋相臺岳氏本刊。道光中，貴州、廣東皆有翻本。貴州本無卷端璽印。　五經白文：明趙用賢刻本。諸藩刻本亦多。嘉靖庚子衛王府本〔二〕。　六經白文：古香齋巾箱本。　篆文七經白文：易、書、詩、春秋、周禮、儀禮、四書。明刊本〔三〕，半頁九行，行十三字。國朝内府刊本，半頁八行，行十二字，李光地、張照等奉旨校閱。　九經白文：無錫秦氏巾箱本，易三卷，詩、書各四卷，春秋十七卷，禮記、周禮各六卷，孝經一卷，論語二卷，孟子七卷，合五十卷。附大學、中庸章句一卷，小學二卷。盧抱經曰：「九經小字本，吾見南宋本已不如北宋本，錫山秦氏本又不如南宋本，今之翻秦本又不及焉。」按：秦板以附小學者爲真。宋刊五經，白文字小至每半頁二十行。板式又小，與秦本不同。又有九經，略似秦本之十四行，板大小亦略似。蓋即其所出，抱經所謂南宋不如北宋者也。又見一南宋九經，半頁廿行，板大小略似秦板者。天禄後目有南宋刊巾箱九經白文，不知其廿行抑十四行。　十三經古注：明永懷堂葛氏刊。又有翻本，今在浙，猶存，同治丁卯見新印本。江西稽古樓十三經古注巾箱本，其春秋三傳用閔齊伋删注，與葛本同。其四書古注、朱注并列。　六經注：有正統本、怡府明善堂巾箱本、汲古閣本、今天都黃晟巾箱本及今揚州鮑氏本。諸本春秋皆刻胡傳，惟鮑氏併四傳合鈔。又揚州黃氏刊本，其春秋獨用左傳，與内府刊六經同。按：明正統中，内府刊五經四書集注，大板甚佳。易兼程、朱傳義，詩、書集傳連音釋、綱領、序辨，大學、中庸章句連或問，惟春秋爲胡傳。此後刻六經者，綱領、序辨等不全，皆不如正統本。同治五年金陵開書局刻五經四書，程、朱傳義分刻〔四〕，各還兩家舊式，甚善。春秋用左傳，惜不依岳本而據姚本。　注疏：有十行，行十七字附釋音本，係宋元舊刻，至明正德後遞有修補之頁。即明初南雍所集舊板也。阮氏所藏凡有十經，獨闕儀禮、孝經、爾雅三種，所作校勘記據此本爲多。後又得孝經，凡十一經。至嘉靖中，閩中御史李元陽等即用此十行本重寫，刊爲十三經注疏，每半頁九行，行廿一字，所謂閩本也。南監中諸經板仍十行之舊，其初本闕儀禮，以楊復儀禮圖補之，亦宋元舊板。嘉靖五年，陳鳳梧刻儀禮注疏于山東，以板送監，十行，行二十字。閩刊儀禮即據其本，經文佚脱數處，亦未能校補。後南監周禮、禮記、孟子板盡無存，餘亦多殘缺。神宗萬曆中，乃依閩板刊北監十三經。崇禎時，常熟毛氏又依北監板刊十三經，訛誤甚多，不及其十七史多據古本重刊，勝於監板也。　本朝乾隆初殿板，注疏句下加圈，校刻甚精。嘉慶乙亥，阮文達太傅巡撫江西，重刊十行本於南昌府學，共四百十六卷，後附校勘記，然不若單行本校勘記之詳備。學者但得阮氏校勘記全文〔五〕，不論何本注疏，皆可據以校讀矣。惟蘇州翻刻汲古閣本至爲惡劣。　通志堂九經解百四十種，千七百八十六卷，崑山徐氏傳是樓所藏舊本，納蘭成德校刊，翁覃溪有單刻目録。　皇清經解百八十三種，千四百卷，道光九年儀徵阮氏刊於廣州〔六〕。

易類

子夏易傳十一卷

舊題卜子夏撰。納蘭成德刊通志堂經解本。學津討原本。王謨輯漢魏遺書本一卷。孫堂輯廿一家易説本一卷。張惠言輯本。吴騫義疏二卷。此書晁以道稱張弧僞作，通志堂所刊已非張弧之舊。王謨以下諸人所輯則并非此書，皆自他書輯出，惟吴騫本最精審。

馬融易傳一卷

荀爽易注一卷

王肅易注一卷

虞翻易注一卷

干寶易注一卷

九家易集注一卷并孫堂所輯。

周易虞氏易九卷消息二卷

國朝張惠言校補，惠棟輯本而略爲融貫。嘉慶中，阮氏爲刊行，又刊入經解，近時通行。場屋士子利其參互之説，作易經文捃摭、敷衍、矜奇炫博，實則漢學諸經，惟易一類最爲雜亂無理。程子教人先看王弼，因其一掃漢人之蕪穢也〔七〕。

周易鄭康成注一卷

漢鄭玄撰。玉海後附刊本。有元刊。秘册彙函本，附刊李氏集解後。

新本鄭氏周易三卷

漢鄭玄撰，國朝惠棟編。雅雨堂叢書本十卷。孫堂廿一家易注本。又，丁杰輯補十二卷，湖海樓叢書本。又，張惠言輯義二卷，見阮氏刻經解。又，孔廣林輯本十二卷。

陸氏易解一卷

吴陸績撰。樊維城刊鹽邑志林本。津逮秘書本三卷。學津討原本三卷。敏求記云：「三卷本舊鈔。」孫堂廿一家易注本重校補一卷，作周易述。

周易注十卷

魏王弼注。繫辭以下韓康伯注。乾隆四十八年武英殿仿宋相臺岳氏本。又，明味經堂刊本。永懷堂葛氏本。又，漢魏叢書、津逮秘書、學津討原、天一閣皆有單刻略例。説郛中刊略例無邢注。毛氏影寫宋相臺本，每半頁八行，行十七字，每卷末俱有「相臺岳氏刊梓荆溪家塾」篆文木記〔八〕。

周易正義十卷

唐孔穎達撰。明嘉靖閩刊本。萬曆十四年北監本。汲古閣本。乾隆十一年殿本。嘉慶二十一年江西南昌阮刊本。諸本附略例，阮本無之。此書一名周易兼義，阮氏校勘記所據有錢遵王校宋本。盧抱經傳校明錢求赤校影宋抄本，前有長孫無忌上五經正義表。宋本半頁十行，行大字十八，小字廿四。元本半頁九行，行十七字。

周易集解十七卷

唐李鼎祚撰。秘册彙函本十一卷。津逮本。學津本。雅雨堂盧氏本。題云李氏易傳。天一閣目有明宗室朱睦㮮西亭氏刊本，後附略例一卷。昭文張氏有影宋刻十卷本，云十七卷乃毛氏所分，非原次也。嘉慶戊寅吴周孝垓刊本。陽湖孫星衍嘉慶三年刊巾箱本周易古注於岱南閣叢書中，亦題曰周易集解十卷。每條先列李氏集解，次列王注，又自採漢儒説附于後。此書惟新唐志作十七卷，餘目録家及李自序俱作十卷。毛乃并改合唐志，張氏影宋即毛舊藏〔九〕。

周易口訣義六卷〔一〇〕

唐史徵撰。武英殿聚珍板本。福建翻刻聚珍本。岱南閣巾箱本。

周易舉正三卷

唐郭京撰。津逮本。學津本。天一閣刊本。鄭珍有影宋刊，抄本絶精。

易數鈎隱圖三卷附遺論九事一卷

宋劉牧撰。通志堂本。道藏本。

周易口義十二卷

宋倪天隱述。康熙二十六年李氏刊本。丁德明刊本。

温公易説六卷

宋司馬光撰。聚珍板本。閩翻本。河南新刻經苑本。

横渠易説三卷〔一一〕

宋張載撰。明刊白口本。通志堂本。

東坡易傳九卷〔一二〕

宋蘇軾撰。明萬曆丙申閔齊伋刻朱墨套板本。明焦竑刊兩蘇經解本。津逮本。學津本。吴之鯨刊本。

易傳四卷〔一三〕

宋程子撰。經籍志十卷。錢曾云：宋刻本六卷。天禄後目有宋刊本六卷。宋本每頁廿四行，行廿二字。禦兒吕氏二程全書本。河南程氏祠堂本。同治丙寅金陵局本。

了翁易説一卷〔一四〕

宋陳瓘撰。四庫從吴玉墀家紹興中陳正同刊本傳抄。山陰澹生堂祁氏有寫本。了翁疑是了齋，當考。

吴園易解九卷

宋張根撰。聚珍本。閩覆本。墨海金壺本。河南經苑本。自説卦傳以下殘闕。澹生堂寫本尚有序論五篇，雜説、泰論各一篇，惟序論殘闕過半。昭文張氏舊抄同，謂刊本更闕多字。

周易新講義十卷

宋龔原撰。原字深甫，遂昌人，少與陸佃同師王安石，官至寶文閣待制。王安石自以易解少作未善，不專以取士〔一五〕，故紹聖後原與耿南仲注易并行場屋，見晁公武讀書志。其内府所載阮氏進呈書，皆嘉慶間撫浙所收，四庫遺逸之本〔一六〕。

周易新講義十卷

宋耿南仲撰。宋志作解義，晁公武云：紹武間場屋行之。今存者間有闕文。日本國佚存叢書本題龔原撰。

紫巖易傳十卷

宋張浚撰。通志堂本。何義門以爲明書帕本不足憑焉。

讀易詳説十卷

宋李光撰。諸家書目或作讀易老人解説，宋志作易傳。缺豫、随、无妄、睽、蹇、中孚六卦及晋卦六三以下。復與大畜亦有闕文，繫辭以下無解。

易小傳六卷

宋沈該撰。通志堂本，每卷分上下，合十二卷。宋本有繫辭補注附卷末，今本已佚。

泰軒易傳六卷

宋李中正撰。中正字伯謙，清源人。是書後有嘉定庚辰廣川董洪跋〔一七〕，稱泰軒先生以易鳴吾邦，凡卦爻之義皆於六書之中求之云云。後又有日本國天瀑山人跋，稱是書爲足利學所貯文明中影本，日本佚存叢書以活字板擺印。四庫未收，阮相國曾以進呈，見研經室外集提要。是書宋史藝文志不載，亦不見于諸家書目。

漢上易集傳十一卷卦圖三卷叢説一卷

宋朱震撰。通志堂本。〔一八〕

周易窺餘十五卷

宋鄭剛中撰。按：明文淵閣、菉竹堂書目俱有此書。

易璇璣三卷

宋吴沆撰。通志堂本。何義門云：汲古閣後得舊本，有序文，寫付東海後人，竟未補刻。其全書亦尚有訛處，不曾修板。

易變體義十二卷

宋都絜撰。缺豫、隨、大壯、睽、蹇、大畜、中孚七卦。

周易經傳集解三十六卷

宋林栗撰。秀水曹倦圃有寫本。通志堂已刊，因栗與朱子爲難，毁其板。四庫著録係曝書亭藏本傳鈔。

易原八卷

宋程大昌撰。聚珍板本。閩翻本。新安文獻志尚載三篇，則正德時尚有傳本。

周易古占法一卷古周易章句外編一卷

宋程迥撰。明刊本，曹倦圃藏。天一閣刊本。説郛本古占一卷。

周易本義十二卷[一九]

宋朱熹(子)撰。内庭仿宋刻本，前列九圖，後附五贊筮儀。又，康熙五十年曹寅刻本。又，寶應劉氏獲古齋重刊宋本，附載吕氏音訓，惟不載九圖、筮儀爲謬。

易學啓蒙四卷

朱子撰。禦兒吕氏刊朱子遺書本。天禄後目有宋刊本。宋本易學啓蒙上下，每半頁七行，行十五字。

郭氏傳家易說十一卷〔二〇〕

宋郭雍撰。宋志亦十一卷。聚珍板本。閩翻本。杭州縮巾箱本。

周易義海撮要十二卷〔二一〕

宋李衡删定。通志堂本。

南軒易說三卷

宋張栻撰。四庫著録係曹溶从元刻傳鈔本。元至元壬辰胡順父刊本，末有鈎摹舊本三小印，一作謙卦，一曰「贛州胡氏」，知順父即贛人。一曰「和卿」，蓋其字也。

復齋易說六卷

宋趙彦肅撰。通志堂本。

楊氏易傳二十卷

宋楊簡撰。明萬曆乙未劉日昇、陳道亨刊本。錢曾云：每卷端題曰「慈湖書」。經義考作十卷。

周易玩詞十六卷

宋項安世撰。通志堂本。

易説四卷

宋趙善譽撰。墨海金壺本。守山閣叢書本，缺豫、隨、無妄、大壯、晉、睽、蹇、解、中孚九卦。

誠齋易傳二十卷

宋楊萬里撰。聚珍板本。閩覆本。河南經苑本。近慈谿葉氏刊本。黄丕烈有宋刊本。明嘉靖壬寅尹耕療鶴亭刊本。

大易粹言十卷

宋方聞一編。大興朱氏藏有宋刊本，今已售出，四庫著録即從此本傳抄。天禄後目有宋本十二卷，首卷總序，末卷諸家論易五篇云。四庫全書改標方聞一編，可以不必，仍定爲曾穜撰。淳熙中，曾穜守舒州，命聞一輯是書，刊板置郡齋，後摹印漫漶，張嗣古、陳造先後修之。

易圖説三卷

宋吴仁傑撰。通志堂本。

古周易一卷[三]

宋吕祖謙編。通志堂本。又，李調元輯易古文三卷。函海本。

古易音訓二卷

宋吕祖謙撰。久無傳本，嘉慶壬戌，宋咸熙從董真卿周易會通中抄出刊行。

易傳燈四卷

宋徐總幹撰。函海本。經苑本。

易裨傳二卷

宋林至撰〔一三〕。通志堂本。四庫著録係元至正間陳泰刊本傳鈔。

厚齋易學五十二卷

宋馮椅撰。原本各自爲書，中興藝文志可考。

童溪易傳三十卷

宋王宗傳撰。通志堂本。何云後闕二卷，非全書也。天禄後目有宋刊本三十卷，即崑山徐氏原本。

周易總義二十卷〔二四〕

宋易祓撰。

西谿易説十二卷

宋李過撰。四庫著録係吴玉墀家抄本。天一閣目有此書，缺慶元戊午自序，書中亦多缺文。

丙子學易编一卷

宋李心傳撰。通志堂本，附俞氏周易集説後，蓋俞石澗之節本，視原書特十分之一耳。此本元初俞炎所鈔，後有炎跋曰：此書係借聞德坊周家書肆所鬻者，天寒日短，併日而抄其可取者，蓋所存不及十之一矣。

易通六卷

宋趙以夫撰。四庫著録係抄本。

周易經傳訓解二卷

宋蔡淵撰。四庫著録係從吴玉墀家藏本傳鈔。

易象意言一卷

宋蔡淵撰。大典本，首尾全。四庫從大典本録出。杭□□□聚珍板本。閩覆本。藝海珠塵本。吴氏聽彝堂叢書本。

周易要義十卷

宋魏了翁撰。天一閣寫本。了翁有十七家易集義，仲子静齋刊于紫陽書院，今佚。此要義又有傳是樓抄本，見昭文張金吾藏書志。

東谷易翼傳二卷〔二五〕

宋鄭汝諧撰。通志堂本「鄭」作「趙」，缺真德秀序。

朱文公易説二十三卷

宋朱鑑編。通志堂本。昭文張氏有元刊本。

易學啓蒙小傳一卷

宋稅與權撰。通志堂本，附古經傳一卷。提要附古經傳一卷。

周易輯聞六卷附易雅一卷筮宗一卷〔二六〕

宋趙汝楳撰。萬曆間周藩刊本。通志堂本。又名易序叢書，合十卷，道古堂集有跋。昭文張氏有舊抄本。

周易詳解十六卷

宋李杞撰。缺豫、隨、無妄、大壯、睽、蹇、中孚七卦及晉後四爻。

淙山讀周易記二十一卷

宋方實孫撰。四庫著録係抄本。

周易傳義附録十四卷

宋董楷撰。通志堂本。昭文張氏有元刊本，分十七卷，凡例後有「至正壬午桃溪居敬書堂刊行」木印。吴兔牀有居敬堂刊本，每頁二十四行，行二十二字。

易學啓蒙通釋二卷

宋胡方平撰。通志堂本，缺自序一首，僅有後序。

三易備遺十卷

宋朱元昇撰。通志堂本。

周易象義十六卷

宋丁易東撰。四庫著録係大典本，缺豫、隨、無妄、大壯、睽、蹇、中孚七卦及晉卦後四爻。張目有殘宋本，自豐至未濟，凡二卷，則中孚卦可補閣本之缺。易東尚有大衍索隱三卷，今存二卷，係二老閣寫本。

周易集説四十卷

元俞琰撰。通志堂本，祗十三卷。天一閣目有抄本十二卷，自序稱自至元甲申始作易解，至皇慶癸丑成書，蓋元人也。四庫題宋人，誤〔二七〕。

易圖通變五卷易筮通變三卷

元雷思齊撰〔二八〕。通志堂本但刊易圖，自序題元大德庚子。四庫題宋人，誤也。又，此書在道藏太玄部若字號中。

讀易私言一卷

元許衡撰。通志堂本。説郛本。學海類編本。舊在集内，元文類、中州文表俱載之，而何焯以爲李簡書，誤也。

易本義附録纂注十五卷

元胡一桂撰。通志堂本。「注」，提要作「疏」。

易學啓蒙翼傳四卷〔二九〕

元胡一桂撰。通志堂本。元刊，每頁十六行，行十六字。

易纂言十卷〔三〇〕

元吴澄撰。嘉靖中，顧應祥刊本。通志堂本十三卷。

易纂言外翼八卷〔三一〕

元吴澄撰。四庫係大典本。王漁洋云：康熙丙辰得之京師，似刊本也。全謝山云：外翼十六卷，今已罕見，獨楊止庵嘗述之。

易原奥義一卷周易原旨六卷

元寶巴撰。四庫著録係抄本。

周易程朱傳義折衷三十三卷

元趙采撰。四庫著録係吴玉墀家抄本。

周易衍義十六卷

元胡震撰。四庫著録係吴玉墀家抄本。

易學濫觴一卷

元黄澤撰。聚珍板本。閩覆本。經苑本。

大易輯説十卷

元王申子撰。通志堂本。何義門云：吴任臣家有元刻，徐僅從抄本付刊，未能借校。

周易本義通釋十二卷

元胡炳文撰。通志堂本。嘉靖元年鄧杞刊本。舊鈔本十卷，附輯録雲峰易義一卷。

周易本義集成十二卷

元熊良輔撰。通志堂本。

大易象數鉤深圖三卷

元張理撰。通志堂本從道藏付刊，又刊易象圖説三卷。

學易記九卷

元李簡撰。通志堂本。何云：東海從李中麓家藏抄本付刊，後得元刻本，未能校正修板。

周易集傳八卷

元龍仁夫撰。別下齋叢書本。

讀易考原一卷

元蕭漢中撰。附朱升周易旁注前圖後，蓋亦朱氏節録，非漢中原本矣。

易精藴大義十二卷

元解蒙撰。缺豫、隨、無妄、大壯、睽、蹇、中孚七卦及晉卦後四爻。

易學變通六卷

元曾貫撰〔三二〕。缺豫、隨、無妄、大壯、晉、睽、蹇、中孚八卦。

周易會通十四卷

元董真卿撰。通志堂本。元刊本〔三三〕。

周易圖説二卷

元錢義方撰。四庫著録此及下爻變義藴并吴玉墀家抄本。曝書亭寫本。

周易參義十二卷〔三四〕

元梁寅撰。通志堂本。

周易文詮四卷

元趙汸撰。四庫著録係抄本。經義考八卷，此本舊抄只四卷，首尾完具，不似有所缺佚，或後人合併歟？昭文張氏有舊抄本。

周易大全二十四卷

明胡廣撰。明官刊本。菊仙書屋本。

周易經疑三卷

元進士臨川涂溍生易庵撰。見昭文張金吾愛日精廬志，謂元刻本。按：溍生字自昭，宜黄人，曾爲贛州濂溪書院山長。經義載溍生易主義一卷，已逸，引楊士奇曰：易主義，溍生專爲科舉設，此書題曰經疑，元取士以經疑，或即主義歟〔三五〕？四庫未收，阮文達曾以進呈。

易經蒙引十二卷

明蔡清撰。嘉靖八年建陽書坊初刊本。林希元重刊本。宋兆禴重訂刊本。

讀易餘言五卷

明崔銑撰。四庫從黄登賢藏本傳鈔。

易學啓蒙意見五卷

明韓邦奇撰。正德申戌李滄刊本。

易經存疑十二卷

明林希元撰。乾隆壬戌裔孫廷玠刊本。

周易辨録四卷

明楊爵撰。刊本。

周易象旨决録七卷

明熊過撰。康熙中刊本。

易象鈎解四卷

明陳士元撰。守山閣本。道光癸巳刊歸雲别集本。

周易集注十六卷

明來知德撰。萬曆辛丑郭子章刊本。康熙戊辰崔華刊本。寶廉堂本。嘉慶中蜀中翻刊本。

讀易紀聞六卷

明張獻翼撰。四庫從吴玉墀家藏本傳鈔。刊本。獻翼又有義經約説二卷〔三六〕，雜説二卷，臆説三卷，原刊本。經義考云未見。四庫未收。

八白易傳十六卷

明葉山撰。刊本。

洗心齋讀易述十七卷

明潘士藻撰。萬曆丙午刊本。

像象管見九卷

明錢一本撰。萬曆甲寅刊本。

易義古象通八卷

明魏濬撰。刊本。

周易像象述五卷

明吴桂森撰。四庫著録係鈔本。是書成於天啓乙丑，其上方朱字評語稱景逸高先生批者高攀龍筆。稱錢師批者錢一本筆也〔三七〕。

易用五卷

明陳祖念撰。

易象正十六卷

明黄道周撰。康熙癸亥刊石齋九種本。

周易演旨六十五卷

明程玉潤撰。以一卦爲一卷，并後繫辭上下傳爲六十五卷，大意申暢程傳，凡傳義及朱子本義異同者，多調停其説。四庫存目有程氏易窺，作十册，無卷數，云未見此書，疑即經義考所載演旨之初稿也。路小洲有崇禎壬午刊本。

兒易内儀六卷兒易外儀十五卷

明倪元璐撰。有刊本。字畫惡劣，解亦穿鑿，特以人重耳。四庫易類收書稍濫。刊以崇禎辛巳五月。

易學五十卷

明卓爾康撰。爾康仁和人，字去病。明史藝文志：卓爾康易學全書五十卷。四庫提要存目僅有爾康易學殘本十二卷，蓋乾隆中採進已無全本。此本吴騫拜經樓所藏舊鈔全帙，其説卦傳二卷獨存刊本，緣付録始此兩卷，明末之亂，遂未及完耳。

卦變考略一卷

明董守諭撰。刊本。

古周易訂詁十六卷

明何楷撰。乾隆辛未刊本。

周易玩詞困學記十五卷

明張次仲撰。國初刊本。康熙己酉自序刊本，六卷。

易經通注九卷

國朝順治十三年大學士傅以漸等奉敕撰。提要稱原稿藏庶子曹本榮子孫家，至開四庫館，湖北巡撫採進。

日講易經解義十八卷

康熙二十二年大學士牛鈕等奉敕編。内府刊本。外省翻本。

御纂周易折中二十二卷

康熙五十四年大學士李光地等奉敕撰。内府刊本。各直省翻本。

御纂周易述義十卷

乾隆二十年大學士傅恒等奉敕撰。内府刊本。外省翻本。

讀易大旨五卷

國朝孫奇逢撰。容城刊本。

周易禆疏四卷附考異一卷

國朝王夫之撰。昭代叢書壬集刊本。道光二十二年湘潭王氏刊船山遺書本。同治四年湘鄉曾氏刊船山遺書本。

易酌十四卷

國朝刁包撰。雍正中與潛室札記合刊于江西。

田間易學十二卷

國朝錢澄之撰。桐城刊本。

易學象數論六卷

國朝黄宗羲撰。西麓堂刊本。

周易象詞二十一卷附尋門餘論二卷圖學辨惑一卷

國朝黄宗炎撰。四庫著録係鈔本。昭代叢書癸集刊本。

周易筮述八卷

国朝王弘撰。乾隆癸丑滋德堂刊本。

易經識餘五卷〔三八〕

國朝閣學徐秉義纂輯。秉義有九經識餘，今存易、書、詩、春秋四種，體例與鄭方坤經裨相類，而徵引較詳。張金吾藏書志鈔本。

仲氏易三十卷

國朝毛奇齡撰。西河全集本。阮刻經解本。

推易始末四卷

國朝毛奇齡撰。西河全集本。龍威秘書縮本〔三九〕。

春秋占筮書三卷

國朝毛奇齡撰。西河全集本。龍威秘書本。

易小帖五卷

國朝毛奇齡撰、西河全集本。

喬氏易俟十八卷

國朝喬萊撰。道光辛丑戴繇刊本。

讀易日鈔六卷〔四〇〕

國朝張烈撰。

周易通論四卷

國朝李光地撰。榕村全書本。貴陽道光間刊本，許滇生校。文貞易學精深，遠出元明諸儒之上，當與所修折中及文集語録參看。

周易觀象十二卷

国朝李光地撰。榕村全書本。江寧刊本。道光間貴陽刊本，許滇生校。

周易淺述八卷〔四一〕

國朝陳夢雷撰。

易原就正十二卷〔四二〕

國朝包儀撰。

大易通解四卷

國朝魏荔彤撰。提要作十五卷，附録一卷。

易經衷論二卷

國朝張英撰。張文端全集本。

易圖明辨十卷

國朝胡渭撰。耆學齋刊本。守山閣本。咸豐三年伍崇曜刊粤雅堂叢書本。

合訂删補大易集義粹言八十卷

國朝納喇性德撰。通志堂本。

周易傳注七卷附周易筮考一卷〔四三〕

國朝李塨撰。

周易劄記二卷

國朝楊名時撰。楊氏全書本。

周易傳義合訂十二卷

國朝朱軾撰。朱高安全書本。傳義合刊，宋元板已有之，非自永樂大全始也。

周易玩詞集解十卷

國朝查慎行撰。昭代叢書已集刊本。

易説六卷

國朝惠士奇撰。璜川吴氏刊本。阮刊經解本。

周易函書約存二十四卷約注十八卷别集八卷提要約存十八卷别集十六卷〔四四〕

國朝胡煦撰。乾隆癸巳胡氏刊本。

易箋八卷

國朝陳法撰。京師刊板。

楚蒙山房易經解十六卷

國朝晏斯盛撰。刊本。

周易孔義集説二十卷

國朝沈起元撰。學易堂刊本。

易翼述信十二卷

國朝王又樸撰。刊本。

周易淺釋四卷

國朝潘思榘撰。刊本。

周易洗心九卷

國朝任啓運撰。釣臺全書刊本。

豐川易說十卷

國朝王心敬撰。刊本。

周易述二十三卷

國朝惠棟撰。乾隆庚辰雅雨堂刊本。阮刻經解本。雅雨刻實二十一卷，四庫併其缺卷數之。上海李林松補全十五卦二傳〔四五〕，并附原書刊誤一卷，未及合刊。又，江藩有周易述補四卷另刊行；又刊入阮氏經解。

易漢學八卷

國朝惠棟撰。畢氏經訓堂叢書本。昭代叢書壬集刊本。又，坊刊本。

易例二卷

國朝惠棟撰。貸園叢書本。借月山房彙鈔本。

周易本義辨證五卷

國朝惠棟撰。常熟蔣氏省吾堂刊本。

易經揆十四卷附啓蒙補二卷

國朝梁錫璵撰。乾隆十七年刊本。

周易觀象補義略四厚册

國朝諸錦撰。錦字襄七，號草廬，秀水人，雍正甲辰進士，乾隆丙辰，召試鴻博，授翰林檢討，官至右春坊右贊善。其毛詩説、補饗禮等，四庫并已著録，而未及是書。此書集諸儒之説而斷以己意，末題子婿范成編次。嘉慶末，禾人戴光曾得此稿本于吴中，其提綱一卷及下經自姤初一下至雜卦皆其手書，尤可寶貴，今歸海寧查氏。

易象大意存解一卷〔四六〕

國朝任陳晉撰。

大易擇言三十六卷〔四七〕

國朝陳廷祚撰。

周易辨畫四十卷〔四八〕

國朝連斗山撰。

周易圖書質疑二十四卷〔四九〕

國朝趙繼序撰。

周易章句證異十一卷

國朝翟均廉撰。

附録

乾坤鑿度二卷〔五〇〕

是書爲永樂大典所載易緯八種之一，下七種并同。内刊十行本〔五一〕。聚珍板本。閩覆本。杭縮本。又重刊稍大之本。嘉慶十四年侯官趙氏刊七緯本。又，天一閣刊本。錢曾有宋刊本，云以校天一閣本，多譌脱〔五二〕。

周易乾鑿度二卷

雅雨堂刊本〔五三〕。

易緯稽覽圖二卷

藝海珠塵本〔五四〕。

易緯辨終備一卷

易緯通卦驗二卷

易緯乾元序制記一卷

易緯是類謀一卷

藝海珠塵本〔五五〕。

易緯坤靈圖一卷

右易類

經部二　書類

單孔傳

武英殿仿宋岳本、葛本。天禄後目有纂圖互注尚書十二卷〔五六〕，單孔傳。石經考文提要所據南宋巾箱單注本似即此書。

尚書正義二十卷

漢孔安國撰，唐孔穎達疏。閩刊本。北監本。毛氏汲古閣本。殿本。江西本。明永樂二年甲申刊尚書注疏二十卷，阮氏校勘記未列此本。日本國于道光丁亥年新刊影宋本尚書正義，洋紙頗精。元板本。

洪範口義二卷

宋胡瑗撰。墨海金壺本。

東坡書傳十三卷

宋蘇軾撰。明焦氏兩蘇經解本。閔刊硃墨本。學津討原本。

尚書全解四十卷

宋林之奇撰。通志堂本三十九卷，闕多方篇。海昌蔣生沐單刻此多方篇入叢書中。

鄭敷文書説一卷

宋鄭伯熊撰。函海本。藝海珠塵本。經苑本。

禹貢指南四卷

宋毛晃撰。聚珍本。閩覆本。杭縮本。

禹貢論五卷後論一卷山川地理圖二卷

宋程大昌撰。通志堂本。指海本有圖。

尚書講義二十卷〔五七〕

宋史浩撰。

尚書詳解二十六卷

宋夏僎撰。聚珍本。閩覆本。宋淳熙間麻沙劉氏書坊本。昭文張氏有舊抄本十六卷，經文下有重言重意，蓋從宋麻沙坊本重録者，板心有「怡顔堂抄書」五字。

禹貢説斷四卷

宋傅寅撰。聚珍本。閩覆本。墨海金壺本。守山閣本。河南經苑本。義烏陳坡刊本。

書説三十五卷

後十三卷宋吕祖謙撰，前二十二卷其門人時瀾增修。通志堂本。天禄後目有宋刊巾箱本，第十三至三十卷刻本，第一至十二卷，第三十一至三十五卷。汲古閣影宋抄本〔五八〕。

尚書説七卷

宋黄度撰。明吕光洵與唐順之校本。昭文張氏有舊抄本，經、注皆大字，又有雙行小注，補注所未及。通志堂刊本改注爲小字，而删其注中之注，不得爲完書，脱文闕字更難枚舉。張本乃千頃堂舊抄。通志堂本。今黄氏家塾刻本較通志堂爲完善。

五誥解四卷

宋楊簡撰。墨海金壺本。

絜齋家塾書鈔十二卷

宋袁燮撰。四庫本亦從永樂大典録出。

書集傳六卷

宋蔡沈撰。明正統十二年刊五經四書本，内附鄒季友音釋，最善。宋、元、明刊本均載小序，唯近世坊本不載耳。彙纂亦載也。咸豐丙辰祝桐君刊，依正統本精校。同治五年望三益齋刊，亦依正統本附音釋精校。明有嘉靖丙辰刊本。明又有熊振宇、楊一鶚兩刊。道光戊子旌德朱琳立本齋刊本。陽湖孫氏有元坊刻本，改集傳爲集注，六卷作十卷，附鄒氏音釋，每句皆作小圈，讀法或作連圈，黑口巾箱本，每半頁九行，行二十七字。

尚書精義五十卷

宋黄倫撰。河南新刊經苑本。余氏萬春堂刊本。

尚書詳解五十卷

宋陳經撰。四庫從汪如藻家抄本傳抄。聚珍板本。閩覆本。

融堂書解二十卷

宋錢時撰。聚珍板本。閩覆本。杭縮本。

洪範統一一卷

宋趙善湘撰。函海本。藝海珠塵本。經苑本。

尚書要義十七卷序説一卷

宋魏了翁撰。所佚七、八、九三卷，阮文達曾以抄本進呈。宋本，有「曠翁手識」一印，「山陰祁氏藏書」一印，「澹生堂經籍記」一印，明末祁彪佳所藏也。鶴山諸經要義皆宋本〔五九〕，無別刻，劇可寶貴。

尚書集傳或問二卷

宋陳大猷撰。通志堂本。昭文張氏有舊抄。陳氏尚書東齋集傳十二卷，宋刊本，禾中胡氏有之，四庫未見。

尚書詳解十三卷

宋胡士行撰。通志堂本。

尚書表注二卷

宋金履祥撰。通志堂本。金仁山全書本。昭文張氏有宋刊本，云金氏刊本未善，通志堂刊本亦有異同。何義門云：通志堂據元刊本，有殘闕，顧伊人以意補之。有宋刻本，藏花山馬氏及吴氏瓶花齋。昭文張氏有顧伊人藏宋末元初刊本，不分卷，遇宋諱間有闕筆，板心有齊芳堂、存耕堂、章林書院、訥齋等字。金仁山書説全載通鑑前編中，昭文張氏有舊抄尚書金氏注殘本。較之表注甚詳，惜其不全，而不知其全固在也。考金氏書説當於通鑑前編求之，學者不可不知。湘潭袁芳瑛漱六有宋刊單孔傳本〔六〇〕，書匡上下其寬大，全録金氏表注，芳瑛以爲仁山手批。

書纂言四卷

元吴澄撰。正德辛巳刊本，嘉靖己酉顧應祥據以刊于滇中。通志堂本。

尚書集傳纂疏六卷

元陳櫟撰。通志堂本。此書與董鼎輯録大同小異。昭文張氏有元泰定丁卯梅溪書院刊本，舊藏汲古閣，蔡氏序後有木記。明澹生堂祁氏舊鈔本，附書序纂疏一卷。

讀書叢説六卷

元許謙撰。四庫著録從吴玉墀家本傳抄，第二卷中脱四頁，第三卷中脱二頁，第五卷、第六卷各脱四頁，元至正六年刊本。昭文張氏有舊抄本。學海類編本。

尚書輯録纂注六卷

元董鼎撰。元建安余氏勤有堂刊本，半頁十行，行大字二十，小字二十四，多書序纂注一卷。通志堂本。

尚書通考十卷

元黄鎮成撰。通志堂本。昭文張氏有元天曆刊殘本，云通志堂刻卷一闕兩頁，卷四闕一頁。

書蔡傳旁通六卷

元陳師凱撰。通志堂本。昭文張氏有至正乙酉崇化余志安勤有堂書坊刊本，有余氏印行木記，乃盧嘉威、丘集後先舊藏。

讀書管見二卷

元王充耘撰。通志堂本。梅鶚跋稱是書得之西皋黄氏，寫者草草，其末尤甚。

書義斷法六卷

元陳悦道撰。四庫依抄本。

尚書纂撰四十六卷

元王天與撰。通志堂本。元至大刊本。

尚書蔡傳音釋六卷序一卷附尚書纂圖

元鄒季友撰。明刊本。天禄後目有元至正刊鄒氏音釋本，云季友鄒近仁字，鄱陽人，楊簡弟子也。昭文張氏亦有元至正刊本。按：季友字晉昭，近仁乃其大父，天禄後目所刊大誤。高均儒有明司禮監刊本，亦佳。

尚書句解十三卷

元朱祖義撰。通志堂本。何云六經皆有句解，不過節舊注，并無新得之義。

書傳會選六卷

明洪武二十七年翰林學士劉三吾等奉敕撰。明官刊本。明味經堂刊本。

書傳大全十卷

明永樂中翰林學士胡廣等奉敕撰。明官刊本。詩庾閣本〔六一〕。

書傳集解十二卷

明黄諫撰。經義考作書傳集義，云未見。張氏愛日精廬藏書志有此書，稍有缺佚。錢塘丁丙有此書殘本，是汲古閣舊藏，刊印極精，蓋即張氏本也。張目云：以唐、宋、金、元諸儒説附傳下，間下己意，訂正不少。所引書説今已失傳者四十餘家，大抵引先儒之説十之七，下己説十之三。每卷首末俱有項氏萬卷堂圖籍印，又汲古閣毛氏家藏三印。是書千頃堂書目有而明史失收。

尚書考異六卷〔六二〕

明梅鷟撰。平津館叢書本，六卷。道光五年，旌德朱琳立本齋刊本〔六三〕。

尚書疑異六卷

明馬明衡撰。四庫據天一閣抄本。

尚書日記十六卷

明王樵撰。明刊尚書日記未定本有二，又有書帷別記刊本。樵晚年增删日記，又以別記併入，成此十六卷。萬曆乙未刊。崇禎五年莊繼光重刊。

尚書砭蔡編一卷

明袁仁撰。明原刊。學海類編本題尚書蔡傳考誤〔六四〕。

尚書疏衍四卷

明陳第撰。四庫依開萬樓抄本。陳一齋全書刊本。

尚書注考一卷

明陳泰交撰。四庫依瓶花齋抄本。

洪範明義四卷

明黄道周撰。石齋九種本。

日講書經解義十三卷

康熙十九年大學士庫勒納等奉敕編。康熙中内府刊本。

欽定書經傳説彙纂二十四卷

康熙六十年大學士王頊齡等奉敕撰。雍正中内府刊本。各省覆刊本。

書經裨疏四卷

國朝王夫之撰。昭代叢書癸集本。湘潭刊船山遺書本。湘鄉刊船山遺書本。

古文尚書疏證八卷

國朝閻若璩撰。乾隆乙丑刊本〔六五〕。

古文尚書寃詞八卷

國朝毛奇齡撰。西河全書本。

尚書廣聽録五卷

國朝毛奇齡撰。西河全書本。

尚書埤傳十七卷

國朝朱鶴齡撰。康熙刊本。

禹貢長箋十二卷

國朝朱鶴齡撰。刊本。

禹貢錐指二十卷圖一卷

國朝胡渭撰。康熙中漱六軒刊本。阮刻經解本。

洪範正論五卷

國朝胡渭撰。康熙刊本。

尚書義解一卷

國朝李光地撰。榕村全書本。榕村又别有洪範説一卷。

書經識餘二十五卷

國朝徐秉義撰。鈔本。

書經衷論四卷

國朝張英撰。張文端全集本。

尚書質疑□卷〔六六〕

國朝顧棟高撰。隟括大義爲若干篇，蓋其進呈稿本，近乃刻行。

尚書地理今釋一卷〔六七〕

國朝蔣廷錫撰。借月山房彙鈔本。澤古齋叢鈔本。指海本。三書皆一板，易主而易名。阮刻經解本。

尚書考辨四卷

國朝宋鑒撰。鑒字半塘，安邑人，官廣東南雄府通判。嘉慶四年刊，卷一今文古文考辨，卷二真古文尚書三十一篇考辨，卷三、四僞古文尚書二十五篇考辨。

尚書後案三十卷〔六八〕

國朝王鳴盛撰。草創于乙丑，成于己亥，凡三十五年〔六九〕。王氏元刊本。阮刊經解本。

尚書集注音疏十二卷附二卷〔七〇〕

國朝江聲撰。其自寫刊之，本經注疏借用篆文。江氏自寫刊本。阮刊經解本。

尚書今古文注疏三十卷〔七一〕

國朝孫星衍撰。上四書并以今文爲主，而不信僞古文。平津館本。阮氏經解本。

尚書釋天六卷

國朝盛百二撰，自序。乾隆十八年乾隆甲午刊于任城書院。羊城亦同時刊。

禹貢會箋十二卷

國朝徐文靖撰。位山六種本。乾隆十八年趙氏刊本。

禹貢分箋七卷

嘉慶二十四年海鹽方溶撰。其門人黄振堃刊于銀花藤館。卷一圖，二、三、北、中、南三條水圖志〔七二〕，四水道彙，五南北條山表，六三條及運河諸水歸合表，七禹貢釋文〔七三〕，于今昔水道離合遷改之由甚明晰。

附録：

尚書大傳四卷補遺一卷

舊本題漢伏勝撰，鄭玄注，據其元序，文乃勝之遺説，張生、歐陽子等録之也。雅雨堂本三卷。孫晴川八種本三卷。董豐垣考纂本三卷。漢魏遺書本。陳壽祺重校補本五卷〔七四〕。

書義矜式六卷

元王充耘撰。四庫依天一閣抄本。近年廣東仿元刊本。

書義主意六卷

元王充耘撰。前有謝孫升至正七年序，劉錦文至正戊子序。其書依尚書篇次擬題，一題下爲總括二三語，又申論百餘言二百言。總括者曰破，申論者即示以主意也。後附群英書義二卷，則錦文與盱江張泰同編選。錦文乃建安書坊，其主意如今之題鏡，所附選義若今之房行墨藝選本矣。同治改元，郘亭在皖口收此影元刊鈔本，謝序失去首頁〔七五〕。

右書類〔七六〕

【校勘記】

〔一〕「一」字爲點校者加，以與後面標題相銜接。又，清宣統元年田中慶太郎此「經部」上方增有眉批語：「福建翻本有璽印而不精，近日印本尤漫漶。江寧書局翻本無璽印，頗佳。」民國二年西泠印社本、民國三年天津藏園本和民國七年掃葉山房印本又增加一條眉批語：「戊戌見廠市各書肆俱有廠刊本五經，價十兩一部，而印本漫漶，據說爲道光間所印也。」這些印本中的眉批語均爲後人所加，莫繩孫原鈔本均無這些眉批語。下同，不再一一説明。

〔二〕衛：原作「衡」，誤，據藏園本、訂補本改。

〔三〕藏園本、訂補本「明刊本」之前多一「有」字，在莫繩孫原鈔本上，此段文字爲莫繩孫用朱筆所加之文字。

〔四〕程朱傳義分刻：藏園本、訂補本均誤爲「程注傳義分刻。」

〔五〕「阮」字前原衍一「阮」字，已删。

〔六〕阮氏：藏園本誤作「氏阮」。

〔七〕訂補本將此書目調後至該易類近末。

〔八〕此書目之上方，藏園本等印本增有眉批語：「味經堂刊本，綫外有耳，標其卦，其刻法如宋本，後附釋文。」又，藏園本等印本在「篆文木記」之後增加「江寧翻相臺本。閩翻相臺本。以下書、禮、左傳并同」十九字。

〔九〕此下原有一浮簽注曰：「朱睦㮮刊本亦十七卷，附略例一卷，序言得李中麓家宋本重刊，則毛氏十七卷或即據此本也。」

〔一〇〕此書目之上方，藏園本等印本增有眉批語：「道光己酉，江西刊遜敏齋叢書本。」

〔一一〕此書目之上方，藏園本等印本增有眉批語：「收吕柟刊。」

〔一二〕此書目之上方，藏園本等印本增有眉批語：「閩本不佳。」

〔一三〕此書目之上方，藏園本等印本增有眉批語：「明刊廣東崇正堂本周易傳義十卷，明中官刊二十四卷，皆合刊也。」又，此處原有一浮簽注曰：「易程傳六卷　宋本。光緒八年遵義黎星使庶昌出使日本國得宋本，每頁大字廿二行，行廿一字，即在日本東京據以重刊，極精。」藏園本誤將此浮簽印入正文中。訂補本則注云：「此書四庫及莫氏原稿均未收，爲莫棠增入。」

〔一四〕此書目之上方，藏園本等印本增有眉批語：「子正同刊于常州官舍。」莫氏此「了翁疑是了齋」之疑正確，故此書名當爲「了齋易説」。

〔一五〕莫友芝《持静齋藏書紀要》卷上此二句作「安石自以易解未善」，無「不專以取士」一句。

〔一六〕最後三句，莫繩孫原鈔本又用朱筆改作「其書四庫未收，阮文達公元撫浙時獲本，進呈内府」。

〔一七〕董洪：原誤作「董浩」，據藏園本、訂補本改。

〔一八〕藏園本於正文之末增「近重刊佚存本」。

〔一九〕此書目之上方，藏園本等印本增有眉批語：「方功惠重刻内府本。」

〔二〇〕此書目之上方，藏園本等印本增有眉批語：「祁刻。」

〔二一〕此書目之上方，藏園本等印本增有眉批語：「澹生餘苑刊，止一卷。」又，周易，原作「周氏」，據訂補本改。

〔二二〕此書目之上方，藏園本等印本增有眉批語：「陳伯巳曰：其門人王莘叟等受，晦庵刻之臨漳。」

〔二三〕宋林至撰：訂補本同，藏園本誤作「宋林玉撰」。

〔二四〕此條藏園本失收。訂補本收此書目，文同，但誤加按語曰：「此書四庫著録，莫氏失收。」

〔二五〕此書目之上方，藏園本等印本增有眉批語：「鄭如綱刊于閩嶠漕司。又有廬陵刊本。」

〔二六〕此書目之上方，藏園本等印本增有眉批語：「道古堂集以易序叢書寳祐丁巳序板行。竹垞云：即輯此三書，非也。」又，文内「又名易序叢書，合十卷」一句，藏園本同，訂補本作：「又名易序叢書，合易學啓蒙一卷，古經傳一卷，共十卷。」

〔二七〕元俞琰撰：藏園本與莫繩孫原鈔本同，訂補本誤「元」爲「宋」。俞琰係元初人，所以莫氏此云：「四庫題宋人，誤。」訂補本疏誤也。

〔二八〕元：藏園本與原鈔本同，訂補本誤「元」爲「宋」。

〔二九〕此條藏園本同，訂補本注曰：「此則原稿本上莫繩孫增入。」注誤。

〔三〇〕此條藏園本失收，訂補本收入，然誤注曰：「此書四庫著録，莫氏失收。」

〔三一〕此書目之上方，藏園本等印本增有眉批語：「易纂言三卷，通志本、至治癸亥萬曆甲寅刊本。」

〔三二〕曾貫：原誤爲「會貫」，今予校改。

〔三三〕元刊本：訂補本此句脱末「本」字；藏園本于「元刊」二字之下有：「十一行，行十九字」，訂補本同，并注曰：「原稿無，印本入正文，注于『元刊』二字下。」

〔三四〕此書目之上方，藏園本等印本增有眉批語：「朱竺夫藏舊抄本，趙清常手校。」

〔三五〕主義：原作「意」，據訂補本改。

〔三六〕二卷：藏園本和訂補本作「三卷」。

〔三七〕藏園本、訂補本等印本此下增印他人語：「頃收舊鈔本，實六卷，首有天啓乙丑自序，崇禎丙子同郡張瑋序。」又，此書目之上方，藏園本等印本增有眉批語：「提要謂其經文用注疏本，唯删卦首六畫六卷。舊鈔本實未嘗删，疑庫本傳寫之失耳。」

〔三八〕易經識餘：藏園本、訂補本作「易經識解」。

〔三九〕龍威秘書縮本：藏園本、訂補本等印本均無「縮」字。

〔四〇〕〔四一〕〔四二〕此條藏園本失收，訂補本收此書目，但按語云：「四庫著録，莫氏失收。」誤。

〔四三〕此條藏園本失收，訂補本收此書目，但按語云：「四庫著録，莫氏失收。」誤。

〔四四〕提要約存十八卷別集十六卷：訂補本無。

〔四五〕李林松：藏園本和訂補本均脱「林」字，誤作「李松」。

〔四六〕〔四七〕〔四八〕〔四九〕此條藏園本未收，訂補本收此書目，并注云：「四庫著録，莫氏失收。」誤。

〔五〇〕此書目之上方，藏園本等印本增有眉批語：「明楊之森刊。又，蔡文範刊。」

〔五一〕内刊：藏園本、訂補本作「内府」。

〔五二〕藏園本、訂補本此下均增：「秀水章全考訂句讀刊本。經學彙函本。」

〔五三〕雅雨堂刊本：莫繩孫原鈔本此句之前，原有朱筆「七緯本」，後用朱筆删去，故此句之前有一「又」字，今據删。訂補本已删之。藏園本仍同莫繩孫原鈔本。

〔五四〕〔五五〕藝海珠塵本：原有朱筆「七緯本」，後用朱筆删去，故此句之前有一「又」字，今據删。訂補本已删之。藏園本仍同莫繩孫原鈔本。

〔五六〕互注：藏園本脱「互」字，訂補本補「互」字，加方括號。又，十二卷：訂補本作「十〔二〕〔三〕卷」。

〔五七〕此條藏園本失收，訂補本收此條，但按語「四庫著録，莫氏失收」有誤。

〔五八〕藏園本等印本此後誤增入以下内容：「嚴先生有宋殘本十六卷，自堯典至武成，首無叙目，卷首題『門人鞏豐仲至抄』，即時氏據以芟夷剪裁者。紙墨良善，書中有禹貢圖一紙，旁小字一行云『丁未六月蔡清刊』。」訂補本作爲附録印出，且加按語曰：「原稿無，印本入正文。此條味其語意，當即莫棠傳録邵目上所録勞格季言批四庫簡目之文。嚴先生即嚴元照也。」又，此書目藏園本增有眉批語：「此書原本其門人鞏豐仲至抄，時瀾據之以删潤者，世無知之者矣。嚴云：經删後反不如原書之曲暢。其本後歸許滇生。」

〔五九〕鶴山：藏園本同，訂補本增一「魏」字，作「魏鶴山」。

〔六〇〕袁方瑛：原鈔本誤「袁」爲「表」，今予校正。
〔六一〕詩庚閣本：藏園本同，訂補本誤「庚」爲「瘦」。
〔六二〕六卷：「六」先作「五」，後用朱筆改爲「六」。藏園本作「六卷」；訂補本作「五卷」。
〔六三〕旌德朱琳立本齋刊本：「立本齋」三字原用朱筆添加，藏園本等印本誤爲「丕立齋」。
〔六四〕此後藏園本等印本增「瓶花寫本」四字。
〔六五〕此後藏園本等印本增：「此書有胡渭過，刊本無之。又，武億本；吴氏刊本。」
〔六六〕「卷」字前原空缺。
〔六七〕藏園本、訂補本均脱「一卷」二字。
〔六八〕訂補本誤爲增補書目。
〔六九〕年：藏園本同，訂補本誤作「卷」。
〔七〇〕訂補本誤「集注」爲「入注」，且誤爲增補書目。
〔七一〕訂補本誤爲增補書目。
〔七二〕「北」字前原衍「四」，今删。
〔七三〕七：原作「六」，據文意改。
〔七四〕此後藏園本、訂補本均將此頁浮簽文字「盧抱經校補本。樊氏刻本」增入。
〔七五〕此後藏園本、訂補本均增「傳是樓有鈔本」六字。
〔七六〕此處原有一浮簽云：「卷一至此書類，已上約廿一頁。」

郘亭知見傳本書目卷二

經部三　詩類

天禄後目有宋刊活字本毛詩白文四卷，模印係藍色。單傳箋武英仿岳氏本。又，葛本。又，蘇州近年刊本。又，旌德立本齋刊本。阮校勘記所據有宋光宗時小字傳箋本。單刊毛傳有段玉裁經韻樓本。

詩序二卷

注疏及各本小序分冠各篇之首，朱傳以後始合附卷末，然亦未嘗離本經而别自爲書也。四庫目想因叢書中有單刻詩序者，故别爲一條，然書小序并未别著録，何獨于詩而異之耶？學津本一卷。

毛詩正義四十卷

漢毛亨撰、鄭玄箋，唐孔穎達疏。閣本。監本。毛本。殿本。江西本。明有程應衢刊本二十卷。

纂圖互注毛詩二十卷附毛詩舉要圖毛詩篇目

宋刊本，毗陵周氏九松迂叟舊藏。是書傳箋下附釋文及附注重言重意，蓋南宋麻沙坊本也。傳、箋、釋文俱雙行小字，傳無標題，箋以「箋云」冠之，無傳者亦無標題，釋文則以圈隔。每頁二十四行，行大二十一字，小二十五字。見昭文張氏藏書志。

元刊本毛詩注疏二十卷

分卷與宋刊同，蓋依箋卷爲疏卷也。每頁十六行，行大十八字，小二十五字，傳、箋、釋文、正義并雙行。傳、箋、釋文與宋刊本同，疏則以「正義」兩字冠之。詩譜序後即繼以周南、召南譜，閩、監、毛本移此譜入卷第一中鄭箋、正義之後〔二〕。非是。又，閩、監、毛有釋文混入于箋者，如「關雎舊解云」至「無所疑亂故也」，又「風之始」至「并是此義定也」。此本與宋刊俱不誤，可貴。

毛詩草木鳥獸蟲魚疏二卷

吴陸璣撰。説郛本。漢魏叢書本。唐宋叢書本。秘笈本。續百川學海本。監邑志林本。

丁杰校刊本。趙佑校刊本，佳。

毛詩陸疏廣要二卷

明毛晉撰。津逮本、學津本并四卷。

毛詩指説一卷

唐成伯璵撰。通志堂本。藝圃搜奇本。

毛詩本義十六卷

宋歐陽修撰。通志堂本，内有詩譜一卷。昭文張氏有明刊本，較通志（堂）本爲完善。何義門云：通志堂據錢遵王宋刊本，顧伊人校勘未當，可惜！明刊本，每篇冠以小序，經文下備列傳、箋，乃附論及本義。國朝吴騫有訂正詩譜，并附許謙詩譜，刊入愚谷叢書。邵亭有詩本義寫本，甚舊，蓋出明刊。其録傳、箋頗有删節，疑歐氏原本如此，通志堂刊悉去傳、箋，非也。近江西祠堂刊本，又依傳、箋悉補舊本節去字句，亦非也。舊抄亦有詩譜。

詩集傳二十卷〔二〕

宋蘇轍撰。明焦氏刊兩蘇經解本。

毛詩名物解二十卷

宋蔡卞撰。通志堂本。卞此書自首至尾并鈔陸佃埤雅之文，未曾自下一字，不知刊經解者何以收編，四庫又何以入録？其人其書，皆可廢也。

毛詩集解四十二卷

通志堂本。

詩補傳三十卷

宋范處義撰。通志堂本不著撰人。

詩總聞二十卷

宋王質撰。四庫依周亮工家抄本。聚珍本。閩覆本。經苑本。是書世久無傳，謝肇淛始録本于秘府，後爲陳開仲購得，乃歸諸亮工。宋淳熙癸卯吴興陳日强刊本。張金吾有舊抄，自序後十聞例。

毛詩補音十卷

宋吴棫撰。經義考作毛詩叶韻補音，云存，今未見其書。雪山總聞中所引聞音，即吴才老此書也。

詩集傳八卷

宋朱熹（子）撰。附詩序辨一卷。詩序辨朱子遺書有單刻本。天禄後目有宋刊本二十卷，曾藏李霨家。吴氏拜經樓有不全宋本八卷，原二十卷，經文與唐石經同。明司禮監刊本，二十卷，字大醒目〔三〕。周孚非鄭樵詩辨妄，載蠹齋鉛刀編中。

慈湖詩傳二十卷〔四〕

宋楊簡撰。

呂氏家塾讀詩記三十二卷〔五〕

宋呂祖謙撰。嘉靖四年陸釴刊本。萬曆癸丑陳氏刊本。嘉慶中聽彝堂刊本。墨海金壺本。經苑本。昭文張氏陸釴本，有嚴虞惇思庵校，朱傳與小序異者，一一標出，間附識語，亦精當。天禄後目呂氏讀詩記有宋刊巾箱本二部，一本十二行，行二十字；一本十四行，行十九字。宋殘本，每頁二十四行，行二十二字。明嘉靖刊本，古體字精，又方宋字次之。了翁後序爲眉山賀春卿重刊是書而作。時去祖謙殁未遠，而板已再新，知宋人絶重是書也。邵亭有宋刊殘本，每半頁十四行，行十九字，即與天禄後目之第二本同，存第二十一至三十二，凡十二卷。昭文張氏有宋刊卷一至十九，安得萃而合之。

續呂氏家塾讀詩記三卷

宋戴溪撰。聚珍本。閩覆本。墨海金壺本。經苑本。

絜齋毛詩經筵講義四卷

宋袁燮撰。聚珍本。閩覆本。蘇杭縮本。

劉氏詩説十卷

宋劉克撰。仿吕氏讀詩記，每篇條列諸家解，而繫己説于後。所採視吕氏加詳。淳祐六年，克子垣鋟梓時删去諸家，獨存克説，原十二卷，缺第九、第十兩卷。四庫未録。阮文達曾以進呈内府。道光戊子長洲汪氏爲之刊本〔六〕。

毛詩講義十二卷〔七〕

宋林岊撰。

詩童子問十卷

宋輔廣撰。路小洲有元刊本二十卷，載文公詩傳于上及師友粹言。汲古單刊童子問十卷，末附詩叶韻考異一卷。學海類編單刻之〔八〕。

毛詩集解二十五卷

宋段昌武撰。四庫依孫承澤家抄本。宋有淳祐八年刊本。明朱睦㮮萬卷堂有宋槧完本，已歿于水。昭文張氏有千頃堂舊抄本。

詩義指南一卷

宋段昌武撰。知不足齋刊本，自「關雎」至「鳧鷖」，或取一章一節發其義，以下未及。阮氏曾進呈。

毛詩要義二十卷〔九〕

宋魏了翁撰。敏求記云：有此書每卷分上下，實二十卷。後載序譜，係趙清常從閣本抄出，中有脱簡。宋本首爲譜序一卷，經依箋編二十卷，中又分子卷十有七，凡三十八卷。每頁十八行，行十八字，同治乙丑，曾假讀于上海郁泰峰氏，海内更無第二本。

詩緝三十六卷〔一〇〕

宋嚴粲撰。明趙府居敬堂刊本。味經堂刊本。

詩傳遺説六卷

宋朱鑑編。通志堂本。

詩考一卷

宋王應麟撰。玉海後附元刊本。明修本。今刊本。津逮本。學津本。昭文張氏有元刊本六卷，與玉海附本多異。胡心耘亦有元泰定丁卯翠巖精舍刊本六卷。武進胡文英有詩考校補二卷，乾隆四十九年刊。周邵蓮有詩考異字箋餘十四卷，嘉慶六年刊。馮登訓有疏證九卷，嘉慶中刊〔一二〕。

韓魯齊三家詩考六卷

元泰定刊本，附胡氏詩傳纂疏後，與附玉海後本異同頗多，蓋王氏舊編也。丙寅秋，邵亭客滬，見有持售者，即張胡藏本同。

詩傳注疏三卷

宋謝枋得撰。枋得有叠山文集，四庫著録，而未收此書。宋藝文志亦不載，而元人詩説多引之。此本計三百一條，似係後人掇輯。其生丁板蕩，每多小雅憂傷哀怨之思。阮氏曾進呈。咸豐中，江西刊謝集，附刊以行。

詩地理考六卷

宋王應麟撰。玉海附元刊本。明修本。今刊本。津逮本。學津本。

詩集傳名物鈔八卷

元許謙撰。通志堂本，内附詩譜。

詩集傳音釋二十卷

元廬陵羅復纂輯許氏名物鈔，作爲集傳音釋。昭文張氏有元至正刊本。

詩集傳附録纂疏二十卷

元胡一桂撰，四庫未著録。元泰定刊本，每頁廿二行，大字每行二十，小字每行二十四。昭文張氏有汲古閣所藏元泰定刊本，錢大昕集有跋語。此元刻本後附刊王氏三家詩考六卷。

詩傳通釋二十卷

元劉瑾撰。路小洲有元刊本一卷，後有至正壬辰仲春日新堂梓木印。張氏志亦有之。

詩傳旁通十五卷〔一二〕

元梁益撰。

詩經疏義二十卷

元朱公遷撰。克勤堂余氏刊本。正統甲子刊本，題詩傳會通。明安定書院本。

詩疑問七卷附詩辨説一卷〔一三〕

元朱倬撰。通志堂本。

詩纘緒十八卷〔一四〕

元劉玉汝撰。

詩演義十五卷〔一五〕

元梁寅撰。

詩解頤四卷

明朱善撰。通志堂本[一六]。

詩集傳大全二十卷

明永樂中翰林學士胡廣等奉敕撰。明刊本。

詩説解頤四十卷

明季本撰。明刊本。

詩義集説四卷

明孫鼎撰。鼎字宜鉉，廬陵人，永樂中領鄉薦，任松江教授，擢監察御史，提學南畿。是編採取解頤、指要、發揮、矜式等書，擇其新義，彙爲一編，分總論、章旨、節旨各類。書成于正統十二年。阮氏曾以進呈。

讀詩私記二卷〔一七〕

明李先芳撰。刊本。

詩故十卷

明朱謀㙔撰。刊本。徐目作詩故訓十卷。

六家詩名物疏五十四卷

明馮應京撰。萬曆乙巳刊本。

詩經疑問十二卷

明姚舜牧撰。明刊本。

詩經世本古義二十八卷

明何楷撰。明末刊本。嘉慶己卯謝氏刊本。閩新刊本。

待軒詩記八卷

明張次仲撰。刊本或作十卷。

讀詩略記六卷

明朱朝瑛撰。四庫據抄本。

欽定詩經傳説彙纂二十卷序二卷

康熙六十年户部尚書王鴻緒等奉敕撰。内府刊本。各省覆本。

御纂詩義折中二十卷

乾隆二十年大學士傅恒等奉敕撰。内府刊本。外省覆本。

田間詩學十二卷

國朝錢澄之撰。桐城刊本。

詩經稗疏四卷

國朝王夫之撰。湘潭本。湘鄉本〔一八〕。

詩經通義十二卷

國朝朱鶴齡撰。刊本。

毛詩稽古編三十卷

國朝陳啓源撰。嘉慶十八年龐氏刊本。阮氏經解本。

詩所八卷

國朝李光地撰。榕村全書本。

毛詩寫官記四卷

國朝毛奇齡撰。西河全書本。

詩札二卷

國朝毛奇齡撰。西河全書本。

詩傳詩説駁義五卷

國朝毛奇齡撰。西河全書本。

續詩傳鳥名三卷

國朝毛奇齡撰。西河全書本。

詩識名解十五卷

國朝姚炳撰。刊本。嘉慶丁卯校修本。

詩傳名物集覽十二卷

國朝陳大章撰。康熙中刊本。

詩説三卷

國朝惠周惕撰。嘉慶十七年金氏刊本。阮經解本。指海本〔一九〕。

詩經劄記一卷

國朝楊名時撰。楊氏全書本。

讀詩質疑三十一卷附録十五卷

國朝嚴虞惇撰。乾隆中刊本。有沈淑補輯經文考異百三十餘條附卷首。

毛詩類釋二十一卷續編三卷〔二〇〕

國朝顧棟高撰。

詩疑辨證六卷〔二一〕

國朝黄中松撰。

三家詩拾遺十卷

國朝范家相撰。嘉慶中葉鈞重訂本。守山閣本。

詩瀋二十卷

國朝范家相撰。嘉慶中與三家詩拾遺合刊本。

詩序補義二十四卷

國朝姜炳璋撰。乾隆二十七年孫人寬刊本作「廣義」。

虞東學詩十二卷

國朝顧鎮撰。乾隆中誦芬堂刊本。

詩義廣詮三十卷

國朝長洲宋文瀚編。又名皇清詩解合鈔，始顧炎武，迄王引之，皆取發明聲音訓故者。未刊。

毛詩後箋三十卷

國朝胡承珙撰。道光丁酉刊。

詩毛傳疏三十卷

國朝陳奂撰。道光二十七年刊。

附録：

韓詩外傳十卷

漢韓嬰撰。元至正十五年錢惟善刊本。沈辨之野竹齋刊本。明通津草堂本。嘉靖乙未吴人蘇獻可刊本〔三〕。嘉靖初金臺汪諒刊本。嘉靖己亥歷下薛來刊本。明新都唐琳刊本。漢魏叢書本。津逮本。學津本。漢魏遺書本。近趙懷玉校本，最善。又，周廷宷注本，亦可。

右詩類

經部四　禮類〔二三〕

明嘉靖中有仿宋刻三禮單注本。周禮十二卷，儀禮十卷，禮記二十卷。士禮居刊周禮鄭注即翻嘉靖本，最善。福禮堂刊周禮單注，附釋文。清芬隔重刊之，并佳。明刊周禮鄭注十二卷，嘉靖中徐氏翻宋八行本。嘉靖丁亥松江守何鰲刊本。曲阜孔氏敦本堂本。平津堂館書目有明翻宋刊周禮二部，并十二卷，一十六行，行十七字；一十八行，行十七字，并載釋文、音義、句皆有圈。

周禮注疏四十二卷〔二四〕

漢鄭玄注，唐賈公彥疏。閩、監、毛、殿、江西五本。

考工記注

唐杜牧撰。道光中仁和胡珽琳琅秘室以活字印行。四庫未收〔二五〕。

周禮新義十六卷附考工記解二卷

宋王安石撰。明萬曆刊本。墨海金壺本。河南經苑本。粤雅堂本。

周禮致太平論十卷

宋李覯撰。載盱江集中卷五至卷十四。

周禮詳解四十卷

宋王昭禹撰。

周禮復古編一卷

宋俞廷椿撰。明刊本，附元陳友仁周禮集説後。澹生堂餘苑本。

禮經會元四卷

宋葉時撰。元至元刊本，半頁十一行，行二十四字。通志堂本。藤花榭本。汪氏叢書本。洞庭席氏刊，附陸清獻評點。明刊。乾隆五年刊。道光中賀長齡撫黔刊。

太平經國之書十一卷

宋鄭伯謙撰。明嘉靖中山西布政司刊。通志堂本。藤花榭本。學津本。汪氏叢書本。

周官總義三十卷

宋易祓撰。

周禮訂義八十卷

宋王與之撰。通志堂本。丁小疋藏方望溪鍾蔗經删定本，乃在三禮館點勘者。鍾用朱筆，方用緑筆。

鬳齋考工記解二卷

宋林希逸撰。通志堂本。

周禮句解十二卷〔二六〕

宋朱申撰。明初刊。永樂中刊本，有黄翰跋。正統刊。

周禮集説十卷

宋陳友仁增修。明初刊。成化刊。閣本缺十一卷，張金吾從成化刊本補録〔二七〕。

周禮説十册

内閣目稱宋淳熙間黄叔度撰。道光二十二年陳金鑑刊本二卷。

周官集傳十六卷

明毛應龍撰。

周禮傳十卷圖説二卷翼傳二卷

明王應電撰。明刊。

周禮全經釋原十四卷

明柯尚遷撰。明隆慶四年刊本。

周禮注疏删翼三十卷

明王志長撰。崇禎中刊〔二八〕。

欽定周官義疏四十八卷

乾隆十三年奉敕撰。内府刊本。外省翻本。

周禮述注二十四卷

國朝李光坡撰。刊本。

周禮訓纂二十一卷

國朝李鍾倫撰。乾隆丁丑其子清馥刊本。

周官集注十二卷

國朝方苞撰。望溪全集本。望溪周官析疑四十卷、周官辨非一卷，四庫入存目。

周禮疑義四十四卷

鄭注，賈疏，國朝吴廷華存疑。張金吾藏抄本〔二九〕。

禮説十四卷

國朝惠士奇撰。紅豆齋原刊。嘉慶丁巳上海彭氏刊。阮經解本。

周官禄田考三卷

國朝沈彤撰。果堂集本。阮經解本。

考工記圖二卷

國朝戴震撰。孔氏微波榭刊〔三〇〕。

周禮疑義舉要七卷

國朝江永撰。乾隆辛亥許作屏刊。阮經解本。敷文閣彙鈔本。守山閣本。

右禮類周禮之屬

儀禮注疏十七卷

漢鄭玄注，唐賈公彥疏。閩、監、毛、殿、江西五本。聞人詮刊于常州本。道光庚寅汪氏仿宋單注單疏二本皆善。單疏分五十卷，與唐志卷數合。正德五年陳鳳梧刊儀禮注疏于山東，合爲十七卷，以板送南監〔三二〕。李元陽按福建，即依刻入十三經，經文佚脱數處悉承之。後北監、毛刊并仍其誤。嘉慶丙寅，張敦仁刊儀禮注疏五十卷，以宋嚴州本經注及景德單疏合編，顧廣圻爲之校補，缺疏之六卷，多依魏鶴山要義，又通爲覆校，最爲善本，惜流傳不多，欲重刊此經注疏，當用此本。通志堂刊有儀禮正文十七卷，亦據宋刊校，以置儀禮圖之前，其編目失記，意宋本儀禮圖前所舊有。儀禮單注有明嘉靖中徐氏仿宋本。又鍾人傑重刊徐本。黄丕烈仿宋嚴州本十七卷，最精善。宋景德中刊儀禮注疏五十卷，經注不録，舊藏吳門黄氏，闕第二十三至二十七，凡六卷。每半頁十五行，行二十七字。汪士鐘閬源據以仿刊，今此宋本猶存，卷末列校定、再校、都校等銜名十八行。

儀禮識誤三卷

宋張淳撰。聚珍本。閩覆本。杭縮本。

儀禮集釋三十卷〔三二〕

宋李如圭撰。聚珍本。閩覆本。河南經苑本。位西經籍説中有筆記，于儀禮集釋之旁有永嘉張淳校本、得月簃叢書本二條。

儀禮釋宫一卷

宋李如圭撰。聚珍本。閩覆本。墨海金壺本。守山閣本。

儀禮圖十七卷儀禮旁通圖一卷

宋楊復撰。路小洲有元余志安勤有堂刊本。明正德本。通志堂本。張金吾有宋十行本。亦有元本，于自序後有崇化余志安刊于勤有堂木印。

儀禮要義五十卷

宋魏了翁撰。宋本，行款與毛詩要義同，頁十八行，行十八字。吳興嚴氏藏有宋刊本。內府有宋刊本，訛舛處與近世大略相似〔三三〕。汪氏藏宋本，有抄補。張金吾有舊抄本。

儀禮逸經傳二卷

元吳澄撰。通志堂本。學津本。邵亭有吳草廬三禮考注六十四卷，明刊。朱竹垞云：非草廬書，乃晏璧所爲。四庫入存目，而天禄琳琅書目于明本中收之。亦以其刊之佳耳。

儀禮集説十七卷

元敖繼公撰。元板大字本。通志堂本。何云後有一紙最善，惜尚缺幾卷。失記其詳，應訪求補足。

經禮補逸九卷

元王克寬撰。洪武刊本。通志堂本。

欽定儀禮義疏四十八卷

乾隆十三年奉敕撰。内府刊本。外省覆本。

儀禮鄭注句讀十七卷附監本正誤一卷石經正誤一卷

國朝張爾岐撰。乾隆八年高氏刊本。和衷堂本〔三四〕。

儀禮商二卷

國朝萬斯大撰。提要有附録一卷。經學五書本。

儀禮述注十七卷

國朝李光坡撰。乾隆二十三年刊。

儀禮析疑十七卷

國朝方苞撰。望溪全書本。

儀禮章句十七卷

國朝吴廷華撰。乾隆丁丑刊本。阮刻經解本。廷華有儀禮疑義五十卷，周禮疑義四十四卷，禮記疑義七十二卷。

補饗禮一卷

國朝諸錦撰。藝海珠塵本。

禮經本義十七卷

國朝蔡德晉撰。兩見舊寫本。德晉書原共三十七卷，前二十卷解周禮，爲上編，入存目。又有禮傳本義二十卷，雜采小戴記及他書爲之。

宮室考十三卷

國朝任啓運撰。任釣臺清芬樓六種本。

肆獻祼饋食禮三卷

國朝任啓運撰。清芬樓本。

儀禮正譌□卷[三五]

國朝金日追撰。

禮經釋例十三卷

國朝淩廷堪撰。文選樓叢書本。阮經解本。

儀禮釋宫譜增注一卷

國朝江永撰。成都龍氏敷文閣彙鈔本〔三六〕。

儀禮小疏一卷

國朝沈彤撰。果堂集本〔三七〕。阮刻經解本。

儀禮集編四十卷

國朝盛世佐撰。嘉慶辛酉馮氏刊本，十七卷。

儀禮釋官九卷

國朝胡匡衷撰。胡氏刊本。

儀禮圖六卷讀儀記二卷

國朝張惠言撰。張皋文雜著本。

儀禮古今文疏義□卷〔三八〕

國朝胡承珙撰。求是齋刊本。

儀禮正義□卷〔三九〕

國朝胡培翬撰。

附　録

内外服制通釋七卷

宋車垓撰。四庫依抄本録。見張廉卿收舊鈔本，其目録尚有八九兩卷，細目俱存，而其書亡。

儀禮喪服足徵記十卷

國朝程瑶田撰。通藝録本。阮刊經解本。

讀禮通考一百二十卷

國朝徐乾學撰。康熙間刊本。

右禮類儀禮之屬

禮記正義六十三卷〔四〇〕

漢鄭玄注，唐孔穎達疏。閩、監、毛、殿、江西五本。乾隆乙卯和珅仿宋刊本，六十三卷。曲阜孔氏有惠棟依宋刊禮記七十卷本，精校之本自附釋音、注疏，本分六十三卷。閩、監、毛悉依之，非復七十卷之舊矣。阮氏校勘記以惠校本爲主，云和刻稱惠校者乃仍六十三卷，坊賈作僞以紿之，非真本也。禮記單注仿宋岳本。明嘉靖三禮合刊本。天禄後目有宋刊禮記鄭注三部。嘉慶丙寅陽城張氏仿宋淳熙四年撫州公使庫本，最精善。張志有宋巾箱本月令鄭注一卷，乃殘之第五卷〔四一〕。

月令解十二卷

宋張虙撰。原書注多重複，四庫本依永樂大典删汰。

蔡氏月令二卷

國朝蔡雲輯漢蔡邕所著，採自群書，補綴成篇，曰明堂月令論，曰月令章句、曰月令問答，而以月令集證附之。道光四年王氏刊本。

禮記集説一百六十卷〔四二〕

宋衛湜撰。通志堂本。何義門云：徐刻此書據兩抄本，皆未盡善，顧伊人意爲改訂，大有乖誤。後有項氏宋刊本，雖缺十餘卷，其板最精，且多魏鶴山序一首，未能借校補刊，可惜也。衛氏書宋刊足本今藏上海郁泰峰家。

禮記纂言三十六卷

元吴澄撰。元板長格大字本。明正德庚辰刊本。崇禎己巳晉陽張養重刊本。朱高安全書本。元刊本半頁十行，行二十字。

禮記要義三十三卷

宋魏了翁撰。阮文達曾得影宋抄本三十三卷，與四庫已録之尚書要義所闕三卷同進呈内府，闕者曲禮上下兩篇。其王制一篇又分上下，實三十四卷。

雲莊禮記集説十卷〔四三〕

元陳澔撰。元明刊本前有凡例若干條，今通行本不存矣。元文宗時建安鄭德明刊本。明嘉靖丁亥南康府六老堂刊本及嘉靖丙辰刊本并三十卷。嘉靖庚寅刊本十卷。嘉靖丙申重刊本。崇禎癸酉烏程閔齊伋三訂本。曾見明刊三種，皆三十卷，疑是陳氏舊編而大全依之〔四四〕。

禮記大全三十卷

明永樂中翰林學士胡廣等奉敕撰。明刊。

月令明義四卷

明黄道周撰。康熙刊本。石齋全書本。下四種并同。

表記集傳二卷

明黄道周撰。

坊記集傳二卷

明黄道周撰。

緇衣集傳二卷

明黄道周撰。

儒行集傳二卷

明黃道周撰。

日講禮記解義六十四卷

是編爲聖祖仁皇帝講筵舊稿〔四五〕，未及成帙，乾隆元年始詔儒臣排纂頒行。内府刊本。

欽定禮記義疏八十二卷

乾隆十三年奉敕撰。内府刊本。各省覆本。

深衣考一卷

國朝黃宗羲撰。四庫依瓶花齋鈔本。澤古齋刊本〔四六〕。

陳氏禮記集説補正三十八卷

國朝納喇性德撰。通志堂本。此書本嘉興陸元輔撰，見陸清獻日記及方望溪集。

禮記述注二十八卷

國朝李光坡撰。乾隆三十三年刊。

禮記析疑四十六卷

國朝方苞撰。望溪全書本。任啓運釣臺全書有禮記章句十卷，四庫入存目。

檀弓疑問一卷

國朝邵泰衢撰。與其史記疑問合刊。

禮記訓義擇言八卷

國朝江永撰。乾隆辛亥刊本。墨海金壺本。守山閣本。

續禮記集説一百卷

國朝杭世駿輯編，依衛湜例。昭文張氏有抄本。同治丁卯在浙見兩抄本。大宗與修三禮，凡宋元説禮之書見永樂大典書中者悉録出，又上溯漢魏，下迄國朝。一百八十餘家，裒以續衛氏書。務取其別具新義、不襲陳言者。

深衣考誤一卷

國朝江永撰。阮氏經解本。

附録

大戴禮記三十卷〔四七〕

漢戴德撰。聚珍本。閩覆本。漢魏叢書本。雅雨堂本。孔廣森重校注。又，王聘珍解詁本。嘉定汪昭解詁十三卷，附録一卷，王昶序。阮元曾子註釋。天禄後目有宋刊大戴禮記三部。元劉廷翰有注、無注兩本。今攟本、盧本、孔本皆佳。明方本、蔡本、國朝高安本尚可取。明袁褧翻刻宋本爲最善，每半頁十行，行二十字，後有「嘉靖癸巳袁氏嘉趣堂重雕」一行。孔廣森云宋本即此。明屠本、鍾本、朱養純本及何氏、程氏漢魏叢書本皆劣。

夏小正戴氏傳四卷〔四八〕

宋傅崧卿撰。通志堂本。士禮居影明袁褧本重刊〔四九〕。黄氏又附刻顧鳳藻夏小正經傳集解本。又，經訓堂有校刊考注本。又，莊述祖考釋本。又，洪震煊義疏本。盧抱經云：此書明王廷相、楊慎皆有纂輯〔五〇〕。

右禮類禮記之屬

三禮圖集注二十卷

宋聶崇義撰。四庫以錢曾藏影宋本傳鈔。通志堂本。天禄後目有宋刊本三卷部。宋本圖自圖一頁，注自注一頁，通志堂縮注于圖下，失宋本之舊。

三禮圖四卷

明劉績撰。四庫依曝書亭抄本。國朝孫星衍有三種圖三卷。

學禮質疑二卷

國朝萬斯大撰。經學五書本。阮氏經解本。

讀禮志疑六卷

國朝陸隴其撰。有單刊本。學海類編本十二卷。書三味齋叢書本。張清恪公刊本。

郊社禘祫問一卷

國朝毛奇齡撰。西河全書本。藝海珠塵本。

禘説二卷

國朝惠棟撰。經訓堂刊本。

參讀禮志疑二卷

國朝汪紱撰。樓碧山房刊本。

右禮類三禮總義

禮書一百五十卷

宋程祥道撰。明南監有元至正丁亥刊本。宋刊本每頁二十行，行二十二字。明張溥盛順本。嘉慶甲子閩郭氏刊本。

儀禮經傳通解三十七卷續二十九卷

宋朱子撰。今通行者吕氏寶誥堂刊本，中多脱字，吕以意填補。乾隆中有梁萬芳改訂本，甚劣。四庫入存目。宋有嘉定丁丑刊大字本。天禄後目有元刊本。明有正統刊本。昭文張氏有影元抄本續通解，于漫缺者皆空之。

禮書綱目八十五卷

國朝江永撰。嘉慶庚午刊本。

五禮通考二百六十二卷

國朝秦蕙田撰。乾隆刊本。邵亭有秦文恭朱校初印樣本，絶佳，是張廷濟叔未舊藏。

右禮類通禮之屬

書儀十卷

宋司馬光撰。雍正癸卯汪亮采仿宋刊。同治七年江蘇書局復汪本。學津本。天禄後目有宋紹熙三年刊本。明刊本。

家禮五卷附録一卷〔五一〕

宋朱子撰。汲古閣有宋刊本，楊復注，與今世行本不同。明仿宋刊本五卷，附録一卷。石門吕氏刊本。元刊本纂圖集注十卷，劉垓孫增注，劉璋補注。昭文張氏有纂圖集注文公家禮十卷，題楊復附注，劉垓增注，即錢遵王家物。張氏又有影宋刊本十卷。鄧鍾岳仿宋本。康熙辛巳汪氏刊本。明邱文莊刊本多所更定，非原書，編八卷。

五服圖解一卷

元龔端禮撰。端禮字仁夫，嘉興人。絳雲、述古兩書目皆載之，經義考云未見。端禮祖頤正常著服圖，淵源有自，端禮又復精勤參考，閱十載而後成書。其例以五服列五門，每門列男女已未成人之科，分正加降義四等之服，劃圖分章，展卷釐然，頗足爲參考禮制之助。當元泰定元年，嘉興路呈此書于江浙行省，移資中書省〔五二〕。有至治間刊本。阮氏曾依寫進呈。

泰泉鄉禮七卷

明黃佐撰。道光辛巳香山黃氏刊本。錢塘費丙章刊本。兩廣總督祁墳刊本。

朱子禮纂五卷

國朝李光地編。榕村全書本。

辨定祭禮通俗譜五卷

國朝毛奇齡撰。西河合集本〔五三〕。

右禮類雜禮書之屬

經部五　春秋類

單左氏古經有段氏經韻樓校慶元本。天禄後目有宋刻左傳，無注，二十卷。單杜氏集解有武英殿仿宋相臺本。明代翻岳板凡四本。又汪氏叢書本。吴興嚴氏藏有南宋不全本四卷。吴門黄氏所藏宋刊不全本，一爲大字，一爲小字，巾箱本最佳。又有宋岳氏本。淳熙種德堂小字本。明永懷堂本。姚培謙刊杜注節、附疏及顧氏補正，亦便課蒙。亦有誤〔五四〕。

春秋左傳正義三十六卷

周左丘明撰，晉杜預注，唐孔穎達疏。閩、監、毛、殿、江西五本。錢氏養新續録稱吴門朱文游家有宋刊春秋正義三十六卷，疑即阮氏校勘記所據之宋慶元間吴興沈中賓刊本三十六卷也。又有南宋刊附釋音注疏六十卷，有明正德修補之頁，此後閩、監、毛本皆分爲六十卷。愛日精廬藏書志春秋左傳正義三十六卷，臨金壇段氏校宋慶元本。段跋略云：此宋淳化庚寅官本，慶元庚申摹刻者也。凡宋板佳處此本盡有，今日所存宋本未能善于此，乃滋蘭堂朱文游物，陳芳林借校一部。嘉慶壬戌余借諸令嗣，命長孫美中細意臨校。文游名奂，藏書最精。淳熙種德堂小字本，每頁二十行，行大字十八，小字二十二，末卷尾有楷書木記，云依監本寫作大字，附以釋文，間列圖表，淳熙柔兆涒灘，閩山阮仲猷刊，則三年丙申也。天禄後目有北宋刻集解本，三十卷，不附音義，自序後連卷一，不另篇。闕筆極謹嚴，如桓二年珽字，諸書從未見避。各本誤字一一無誤，如昭二十年賜北宫喜謚，杜注皆死而賜謚及墓田傳終言之無未字而字，以爲稀世之珍，非相臺岳氏及諸宋本可及。又宋刊本四部。又宋刊附釋文麻沙本二部。又元刊巾箱本一部。又明翻宋本一部。其所收宋本集解已有七部，即彭文勤讀書跋尾所記。

春秋公羊傳注疏二十八卷

周公羊高傳述，其元孫壽及胡毋子都録爲書，漢何休注，唐徐彦疏。閩、監、毛、殿、江西五本。天禄後目宋本卷首有景德二年六月。黑口本每頁二十行，行十七字。十行本、閩本皆不題撰疏人姓名，徐彦作公羊疏不見唐志，北監本始依崇文總目作徐彦疏。張氏志春秋公羊經傳解詁十二卷，臨何氏校余仁仲本，後有經傳注音義字數三行，余仁仲刊於家塾一行。上方臨惠氏評閱語。蜀大字校經注三卷，元板校疏，宋板官本校經注全，唐石經校經。單何氏解詁有汪氏問禮堂仿宋紹熙辛亥刊本十二卷，宋刊公羊注，余仁仲本最貴。汪孟慈道光甲申所仿，即仁仲本也。同治二年邵陽魏彦獲其板於上海，補校勘記一卷刊附以行。今板歸金陵書局。每頁二十二行，行大字十九，小字雙行二十七。

春秋穀梁傳注疏二十卷

周穀梁赤所述，晉范寧注，唐楊世勛疏。閩、監、毛、殿、江西五本。阮氏校勘記公羊、穀梁注疏皆據何義門之弟煌依宋元諸刻精校本。又有不全影宋單疏，爲明李中麓家抄本。天禄後目有宋刊監本附音義春秋穀梁傳注疏二十卷二部。宋板每半頁十行，行大十八字，小二十三字，今歸袁芳瑛漱六家。惠氏校宋余仁仲本春秋穀梁傳集解十二卷，每頁二十二行，行大字十九，小字雙行，行二十七。又有建安余氏萬卷堂刊本，與公羊同卷，末有經傳注音義，字數三行，及國學進士余仁仲、劉子庚等題名五行，又余氏萬卷堂藏書記木記。見張氏目。張金吾又有李中麓藏抄本穀梁疏七卷，雖闕誤不少，而遠勝今本。爲校勘記未採亦多〔五五〕。

箴膏肓一卷起廢疾一卷發墨守一卷

漢鄭玄撰〔五六〕。漢魏叢書本。藝海珠塵本。孫氏問經堂本。孔廣森集本。鄭學本。武億、王秀復重定本。武進莊述祖輯本。箴膏肓二十八條，起廢疾三十八條，發墨守五條。

春秋釋例十五卷

晉杜預撰。聚珍本。閩覆本。岱南閣叢書孫氏重校本。嘉慶二年莊氏刊本。孔氏微波榭刻杜氏地名一卷，長曆一卷。掃葉山房重刊本。

春秋集傳纂例十卷〔五七〕

唐陸淳撰。明刊本。康熙中龔氏玉玲瓏閣叢刻本，并下二種。乾隆中刊本。經苑本。金泰初三年刊本。延祐五年集賢學士克酬言，唐陸淳所著春秋纂例、辨疑、微旨三書，請令江西行省鋟梓。蜀有小字本。張金吾有舊抄本。

春秋微旨三卷

唐陸淳撰。玉玲瓏閣本。學海類編本。學津討原本。海昌陳氏養和堂刊巾箱本。經苑本。袁桷有皇祐間汴本。

春秋集傳辨疑十卷〔五八〕

唐陸淳撰。明嘉靖乙未本。海昌陳氏養和堂巾箱本。汪文藻刊小字本。玉玲瓏閣本。

春秋名號歸一圖二卷〔五九〕

蜀馮繼光撰，宋岳珂重編。通志堂本。武英殿岳本列杜解前，明刊岳本同。下年表亦然。宋淳熙中阮氏種德堂十行小字本附集解前。嘉靖翻刊宋種德堂本附集解後，與通志堂本多異。絳雲樓藏宋板，白紙初印，今在蘇城胡心耘家。

春秋年表一卷

不著撰人。通志堂本。岳本翻刊。

春秋尊王發微十二卷

宋孫復撰。通志堂本。吴兔牀有影宋抄本。

春秋皇綱論五卷

宋王皙撰。通志堂本。

春秋權衡十七卷

宋劉敞撰。通志堂本。三劉全集本。又有單刻本。吕鶴田有宋刊權衡、意林二書，紙板甚寬大。權衡半頁十三行，意林半頁十二行，行皆十二字。虞集送劉叔熙序云：意林及此書刻本在學宫，是二書有元刻本。

春秋傳十五卷

宋劉敞撰。通志堂本。三劉全集本。又單刻本。有宋刻本。内府所藏寫本。

春秋意林二卷

宋劉敞撰。通志堂本。聚珍本。閩覆本。三劉全集本。有單刊本。宋刊本。元刊本。

春秋傳説例一卷

宋劉敞撰。聚珍本。閩覆本。藝海珠塵本。

春秋經解十三卷〔六〇〕

宋孫覺撰。聚珍本。閩覆本。通志堂單刻本。汪刻叢書本。

春秋集傳十二卷

宋蘇轍撰。明刊焦氏兩蘇經解本。經苑本。

春秋辨疑四卷

宋蕭楚撰。聚珍本。閩覆本。杭縮本。海寧新刊本。汪氏有宋本，十卷。

春秋本例二十卷

宋崔子方撰。通志堂刊，用汲古舊鈔本。

春秋例要一卷

宋崔子方撰。附本例，閣本無。

春秋經解十二卷

宋崔子方撰。提要次本例前。有宋本。

春秋五禮例宗七卷

宋張大亨撰。昭文張氏有舊抄本十卷〔六一〕。胡心耘見過宋刊。

春秋通訓六卷

宋張大亨撰。墨海金壺本。

春秋傳二十卷

宋葉夢得撰。通志堂本。

春秋考十六卷

宋葉夢得撰。聚珍本。閩覆本。昭文張氏有舊抄本。宋開禧中與春秋傳春秋讞同刻于南劍州。

春秋讞二十二卷

宋葉夢得撰。

春秋集解三十卷

宋吕本中撰。通志堂本。

春秋傳三十卷

宋胡安國撰。明正統十二年刊六經本。崇化甲午崇仁書院刊。嘉靖癸未贛州清獻堂刊本。内府刊六經本。國初至乾隆坊刊甚多。天禄後目有元刊本二部。

春秋集注四十卷

宋高閌撰。聚珍本。閩覆本。

春秋後傳十二卷

宋陳傅良撰。通志堂本。

春秋左氏傳説二十卷

宋吕祖謙撰。通志堂本。其類編六卷〔六二〕。昭文張氏有刊本。

詳注東萊左氏博議二十五卷

宋吕祖謙撰，其門人張成招注。明正德中書林劉氏安正堂刊本。瞿氏清吟閣刊本。閣本所收有有朱彝尊收藏印。

春秋比事二十卷

宋沈棐撰。四庫依吴玉墀家抄本録。元至正中金華刊本〔六三〕。

春秋左傳要義三十一卷

宋魏了翁撰。此書本末有萬曆戊申中秋後三日龍池山樵彭年手跋。

春秋分紀九十卷

宋程公説撰。此本從影宋鈔本傳鈔，宋諱皆闕筆。昭文張氏舊鈔附例要。宋淳祐三年刊本〔六四〕。袁漱六有舊鈔本。

春秋講義四卷

宋戴溪撰。宋嘉定癸未刊本。寶慶丙戌刊本。

春秋集義五十卷綱領三卷

宋李明復撰。四庫依無錫鄒氏蕉緑草堂藏寫本録。

春秋集注十一卷綱領一卷

宋張洽撰。通志堂本無綱領。何子貞有宋本。

春秋集傳二十六卷

宋張洽撰。明宗室朱睦㮮有刊本，見列朝詩集小傳。吴興嚴久能有元延祐元年李教授萬敵臨江學刊本，缺十八至二十，又二十二至二十六，共七卷。阮文達撫浙時曾以進呈内府。路小洲有此元刊本，不全。昭文張氏有抄本，亦僅十九卷，附綱領，缺七卷。是書經義考注佚，諸家書目亦絶少著録，其繞會群言，掊擊外辨，多集注所未及。其繳省投進狀後有延祐甲寅李教授捐俸補刊于臨江路學兩行。

春秋王霸列國世紀編三卷

宋李琪撰。通志堂本。乾隆末當塗朱煌刊本。

春秋通説十三卷

宋黄仲炎撰。通志堂本。

春秋經筌十六卷

宋趙鵬飛撰。通志堂本。何云據天一閣抄本，有脱文。

春秋或問二十卷附春秋五論一卷

宋吕大圭撰。通志堂本無五論。

春秋左傳句解六十卷

宋林堯叟撰。昭文張氏有元刊本，經義考亦注曰存，陳鱣集有跋語。元刊本作四十卷。宋刊本卷末有紹興字樣一行。

春秋詳説三十卷

宋家鉉翁撰。通志堂本。

讀春秋編十二卷

宋陳深撰。通志堂本。

春秋提綱十卷

元陳則通撰。通志堂本。

春秋集傳釋義大成十二卷

元俞皋撰。通志堂本。

春秋纂言十二卷總例一卷

元吴澄撰。四庫著録依抄本。元刊大字本。明嘉靖中蔣若愚刊本，久佚。朱檢討曾見吴郡陸醫其清家，兩淮所進，四庫殆傳寫陸本。張金吾載舊抄本纂言，其總例五卷。

春秋諸國統紀六卷目録一卷

元齊履謙撰。通志堂本。目録云：汲古元本顔書甚精，係述古堂舊藏。

春秋本義三十卷

元程端學撰。通志堂本。何云：元刻句讀圈點甚精，東海盡删去〔六五〕。

春秋或問十卷

元程端學撰。通志堂本。

春秋三傳辨疑二十卷

元程端學撰〔六六〕。四庫著録依吴玉墀家抄本。

春秋讞義九卷

元王元杰撰。昭文張氏有抄本，十二本完足，有元至正十年于文傅序。萬卷樓抄本。

春秋諸傳會通二十四卷

元李濂撰。通志堂本。元至正刊本。吴兔床有元虞氏明復齋刊本，每頁二十四行，行三十二字。至正本自序後有至正辛卯臘月崇川書府重刊木印〔六七〕。

春秋經傳闕疑四十五卷

元鄭玉撰。康熙辛卯鄭氏刊本。

春秋集傳十五卷

元趙汸撰。通志堂本。明初刊本，每半頁十三行，行二十七字。下四種同。

春秋師説三卷

元趙汸撰。通志堂本。明初刊本。又弘治癸丑太平黄倫刊。并下二種，覆明初本。

春秋屬詞十五卷

元趙汸撰。通志堂本。明初刊本。又弘治癸丑覆刊，十三行，行二十七字。

春秋左氏傳補注十卷

元趙汸撰。通志堂本。明初刊本。又弘治癸丑刊。上三種有趙吉士刊本。

春秋金鎖匙一卷

元趙汸撰。學海類編本。微波榭本。學津討原本。

春秋胡傳附録纂疏三十卷

元汪克寬撰。元至正八年建安劉叔簡刊本，黑口，每頁二十二行，行二十字。

春王正月考二卷

明張以寧撰。通志堂本。宣德元年刊本。

春秋鈎玄四卷

明石光霽撰。四庫依吴玉墀家抄本。澹生堂餘苑本。

春秋大全七十卷

明胡廣等奉敕撰。明刊本。

春秋經傳辨疑一卷

明童品撰。四庫依天一閣抄本，云刊本久佚。

春秋正傳三十七卷

明湛若水撰。乾隆己卯湛氏刊。

左傳附注五卷

明陸粲撰。明刊，末尚有後録一卷，列其疑誤衍脱重出者。自序題嘉靖庚子。

春秋胡氏傳辨疑二卷

明陸粲撰。指海本。

春秋明志録十二卷

明熊過撰。四庫依抄本。

春秋正旨一卷

明高拱撰。明刊全集中本。墨海本。守山本。

春秋輯傳十三卷宗旨一卷凡例二卷

明王樵撰。四庫著録係商丘宋氏抄本。二十三卷。

春秋億六卷

明徐學謨撰。明徐氏海隅集刊本。

春秋事義全考十六卷

明姜寶撰。刊本。

春秋胡傳考誤一卷

明袁仁撰。舊刊本作鍼胡编。學海類編本。學津討原本。

左传屬事二十卷

明傅遜撰。萬曆乙酉刊本。

左氏釋二卷

明馮時可撰。此書與左氏討、左氏論合爲一書，題曰元敏天池集。

春秋孔義十二卷

明高攀龍撰。崇禎庚辰刊本。經義考誤題李攀龍撰。

春秋辨義三十九卷

明卓爾康撰。卓氏刊本。

讀春秋略記十卷

明朱朝瑛撰。四庫依抄本録〔六八〕。

左傳杜林合注五十卷

明王道焜、趙如源同編。崇禎中杭州刊本。芥子園本。坊刊甚多〔六九〕。

日講春秋解義六十四卷

是編亦聖祖仁皇帝講筵舊本，世祖憲皇帝重加考訂，排纂成書。内府刊本。

欽定春秋傳説彙纂三十八卷

康熙三十八年奉敕撰。内府刊本。各省覆本〔七〇〕。

御纂春秋直解十五卷

乾隆二十三年大學士傅恒等奉敕撰。内府刊本。外省覆本。

左傳杜解補正三卷

國朝顧炎武撰。亭林十書本。指海本。阮經解本。康熙中蘇州刊杜注本後附此書〔七二〕。

春秋稗疏二卷

國朝王夫之撰。湘潭、湘鄉兩刊船山遺書本。昭代叢書壬集本。

春秋平義十二卷

國朝俞汝言撰。四庫依汝言手稿傳抄。

春秋四傳糾正一卷

國朝俞汝言撰。四庫依汝言手稿傳抄。昭代叢書丙集本〔七二〕。

讀左日鈔十二卷補録二卷

國朝朱鶴齡撰。刊本。

左傳事緯十二卷附録八卷

國朝馬驌撰。許元淮刊本。翻刻無附録。函海内别本四卷。

春秋識餘十六卷

國朝徐秉義撰。秉義官内閣學士兼禮部侍郎。張金吾有舊抄本〔七三〕。

春秋毛氏傳三十六卷

國朝毛奇齡撰。西河全書本。經解本〔七四〕。

春秋簡書刊誤二卷

國朝毛奇齡撰。西河全書本。經解本。

春秋屬詞比事記四卷

國朝毛奇齡撰。西河全書本。經解本。

春秋地名考略十四卷

國朝高士奇撰。康熙中高氏刊本。又有姓名考四卷。

春秋管窺十二卷

國朝徐庭垣撰。提要云舊帙蠹蝕，無别本可校，蓋亦未有刊本。

三傳折諸四十四卷

國朝張尚瑗撰。乾隆中刊本。

春秋闕如編八卷

國朝焦袁熹編。四庫依袁熹手稿傳抄。嘉慶甲子錢氏刊本。

春秋宗朱辨義十二卷

國朝張自超撰。刊本。

春秋通論四卷

國朝方苞撰。望溪全書本。

春秋世族譜一卷

國朝陳厚耀撰。當塗朱煌刊。吴珏刊。

半農春秋説十五卷

國朝惠士奇撰。吴氏璜川書屋刊本。經解本。

春秋大事表五十卷輿圖一卷附録一卷

國朝顧棟高撰。乾隆十三年刊本。萬卷樓本〔七五〕。

春秋識小録九卷

國朝陳廷祚撰。刊本。藝海珠塵本。

左傳補注六卷

國朝惠棟撰。貸園叢書本。墨海金壺本。守山閣本。經解本。

春秋左氏傳小疏一卷

國朝沈彤撰。果堂集本。經解本。

春秋地理考實四卷

國朝江永撰。阮經解本。

讀春秋存稿四卷春秋雜案十卷

國朝趙佑纂。乾隆中刊〔七六〕。

讀左補義五十卷

國朝姜炳章撰。乾隆三十四年刊〔七七〕。

公羊春秋通義十二卷

國朝孔廣森撰。孔氏刊顨軒遺書本。

春秋隨筆二卷

國朝顧奎光撰。敷文閣彙鈔本。

附録

春秋繁露十七卷

漢董仲舒撰。漢魏叢書本。兩京遺編本，八卷。鍾評秘書十八種本。嘉靖甲寅張瀉陽刊本。天啓乙丑王道焜刊本。乾隆十六年董氏刊本。聚珍板本。閩覆本。抱經堂刊本最善。凌曙注本〔七八〕。嘉慶乙亥刊。明蘭海堂活字本。

右春秋類

【校勘記】

〔一〕藏園本將「鄭箋正義之後」的「之」字誤爲「云」字。

〔二〕詩集傳：莫繩孫鈔本和藏園本原作「詩經傳」，今據訂補本改。

〔三〕莫友芝《持静齋藏書紀要》上卷此三句作：「明司禮監官刊附《音釋》本，字大豁目。」

〔四〕此條藏園本失收，訂補本收入此條，但按語「四庫著録，莫氏失收」有誤。

〔五〕莫友芝《宋元舊本書經眼録》附録亦記是書，云：「友芝家藏是書後半，自卷二十一至三十二，其行款及從古字悉同盧氏所舉嘉靖本，……」可與此互參。

〔六〕該頁原有浮簽語：「按：劉氏詩説阮氏進本闕第二、第九、第十共三卷，蓋從傳是樓宋本景寫。宋本後歸汪士鐘，道光戊子士鐘景刊。士鐘又在嘉興錢香樹家假得舊抄本，只存六卷，而第二卷在焉，遂仿寫補入刊行。」藏園本將此浮簽語增於末尾。訂補本作爲附録内容印出，且加注曰：「原稿無，印本入正文。」

〔七〕此條藏園本失收，訂補本收入此書目，但按語「四庫著録，莫氏失收」有誤。

〔八〕藏園本、訂補本等各種印本均無句末「之」字。

〔九〕此書目之上方，藏園本等印本增有眉批語：「蘇州局本。」又，莫友芝《宋元舊本書經眼録》和《持静齋藏書紀要》均記此宋本《毛詩要義》二十卷。《宋元舊本書經眼録》云：「海内更無第二本，遂卓爲宜稼堂數十宋槧之冠。」《持静齋藏書紀要》云：「乃巋然獨存于東南兵燹之餘，首尾完整，神明焕然，誠無上秘笈也。……後歸郁松年，推爲宜稼堂諸本之冠。今歸持静齋。」可互參。

〔一〇〕此書目之上方，藏園本等印本增有眉批語：「味經堂本，乾嘉中似有翻刊。」

〔一一〕藏園本等印本此後增有以下内容：「抱經學士有補輯一卷，止抄者。」

〔一二〕〔一四〕〔一五〕此條藏園本失收，訂補本收入這三種書目，但按語「四庫著録，莫氏失收」有誤。

〔一三〕此書目之上方，藏園本等印本增有眉批語：「收竹垣莊抄本，從元本書。」
〔一六〕藏園本等印本此後增有以下内容：「明有兩刊本，跋中詳審之。」
〔一七〕藏園本脱書名首字「讀」。
〔一八〕湘鄉本：藏園本、訂補本等各種印本均無。
〔一九〕藏園本、訂補本此後增入「璜川吳氏刊本」。
〔二〇〕此後藏園本失收，訂補本收入，但按語「四庫著録，莫氏失收」有誤。
〔二一〕此後藏園本失收，訂補本收入，但按語「四庫著録，莫氏失收」有誤。
〔二二〕此「明通津草堂本」與「嘉靖乙未吴人蘇獻可刊本」實爲同一種刊刻本，即：明嘉靖十四年蘇獻可通津草堂刻本，九行十七字，白口，左右雙闌，版心下方有「通津草堂」四個字。
〔二三〕此條上方，藏園本等印本有眉批語：「徐刻三禮罕見，以黄丕烈翻周禮推之，皆每頁十六行，行十七字，不附音釋。」
〔二四〕此條上方，藏園本等印本有眉批語：「平津本明翻宋刊十六行者，即岳本也。」又，莫氏原鈔本此頁有莫棠浮簽云：「周禮注疏，棠有一明本，聞人詮刻，與天一閣目儀禮同種。」
〔二五〕此條上方，藏園本有眉批語：「周禮詳解四十卷，宋王昭禹撰，商丘宋氏寫本。」
〔二六〕此條上方，藏園本有眉批語：「明成化戊子刊本，每頁二十行，行二十三字。」
〔二七〕藏園本等印本此後增：「明按察副使祥符田勤甫刊。元刊本名周禮義疏，十二卷全。」
〔二八〕王志長：藏園本、訂補本均誤爲「王忠長」；崇禎中刊：藏園本、訂補本均在「刊」字后增一「本」字。

〔二九〕藏抄本：藏園本、訂補本均脱「抄」字。

〔三〇〕藏園本、訂補本均無此解題，誤將下一書目「周禮疑義舉要七卷」之解題刻寫于此。而均脱漏「周禮疑義舉要七卷」之書名。

〔三一〕莫友芝《持静齋藏書記要》上卷記是書云：「明正德時，南監諸經疏板尚無《儀禮》，僅有宋楊復《儀禮圖》。嘉靖初，鳳梧在山東刊此十行本，乃移入焉。」可互參。

〔三二〕此條上方，藏園本等印本有眉批語：「菉竹目有集注五册。」

〔三三〕藏園本脱「内府有宋刊本，訛舛處與近世大略相似」兩句，藏園本此後增：「嚴氏宋本購自杭州汪氏，缺一末頁，餘皆完好，價二十六萬錢。又自手録二部，亦售于人。宋本售與阮芸臺，三百兩，已入天府矣。」

〔三四〕此「乾隆八年高氏刊本」與「和衷堂本」實爲同一種刊刻本，即乾隆八年高廷樞和衷堂刻本。

〔三五〕正譌：藏園本、訂補本均誤爲「正僞」。又，莫繩孫原鈔本此書無卷數。

〔三六〕藏園本、訂補本此下均增「指海本」，且書名均脱「譜」字。

〔三七〕果堂集本：藏園本同，訂補本誤「果」爲「杲」。

〔三八〕原缺卷數，藏園本、訂補本均作「十七卷」。

〔三九〕原缺卷數，藏園本、訂補本均作「四十卷」，且於解題中增「原刊本」三字。

〔四〇〕此條上方，藏園本等印本有眉批語：「和刻序文後有建安劉叔剛宅鋟木記。」

〔四一〕藏園本、訂補本正文均無「張志有宋巾箱本月令鄭注一卷，乃殘之第五卷」二句。

〔四二〕此條上方，藏園本等印本有眉批語：「湖州鄭大慶有禮記釋注續正，全謝山有之，後不同者有莊者。」

〔四三〕此條上方，藏園本等印本有眉批語：「頃見元巾箱本，半頁九行，行十七字，注每行低一格，行十六字。」

〔四四〕大全依之：藏園本、訂補本均作「大全所依」。

〔四五〕是編：莫繩孫原鈔本朱筆誤爲「世編」，今予校改。

〔四六〕藏園本、訂補本後增「借月本」。

〔四七〕此條上方，藏園本等印本有眉批語：「明崇禎間沈泰本。」

〔四八〕此條上方，藏園本等印本有眉批語：「元至大元年重刪宋本，有元劉庭幹本，未知即是其本否。」

〔四九〕士禮居影明袁褧本重刊：藏園本、訂補本作「明袁褧本，士禮居重刊袁本」。

〔五〇〕藏園本此後增入：「明顧起經有夏小正補解據録一卷。金履祥注一卷。宋有抄本。」訂補本對此注曰：「原稿無，印本入正文。」

〔五一〕此條上方，藏園本等印本有眉批語：「近洪氏刊宋本。」

〔五二〕移資：藏園本等印本作「移咨」。

〔五三〕合集本：原作「全集本」，藏園本、訂補本等印本作「全書本」，均誤，據《增訂四庫簡明目録標注》改。

〔五四〕此條上方，藏園本等印本有眉批語：「王伯厚有春秋左傳注十二卷，抱經堂抄本在小山堂，周香嚴有段玉裁本、王本及宋本釋文，御覽正義參校并增補。」

〔五五〕此頁原有一浮簽云：「春秋穀梁傳注二十卷　宋余氏萬卷堂本。光緒八年遵義黎星使得之日本東京，即據以重刊，極爲精雅。」

〔五六〕撰：藏園本、訂補本等均作「注」。

〔五七〕此條上方，藏園本有眉批語：「元有平陽府刊本。」

〔五八〕此條上方，藏園本有眉批語：「以上四種并有經學堂本。」

〔五九〕此條上方，藏園本有眉批語：「明刊本，無錫華察題跋。天一目。」

〔六〇〕此條上方，藏園本有眉批語：「嘉定丙子汪綱刻之新安。」

〔六一〕莫友芝《持静齋藏書紀要》卷下記是書云：「依閣鈔本。凡世無刊本，藏書家皆據閣本鈔存。凡曩昔傳鈔，彌加珍秘，此類是也。」

〔六二〕通志堂本其類編六卷：藏園本、訂補本均脱「本」字，其，訂補本作「附」字。

〔六三〕金華刊本：藏園本、訂補本均脱「本」字。又，《持静齋藏書紀要》卷下記是書「十七卷」，且記云：「依元刻舊鈔。周春藏本。」

〔六四〕宋淳祐三年刊本：藏園本、訂補本均脱「本」字。又，《持静齋藏書紀要》卷下記是書：「于《春秋》家最爲淹貫。世無刊本。此張金吾月霄所藏舊鈔。」

〔六五〕删去：藏園本、訂補本均誤爲「删云」，當據改。

〔六六〕程端學：「程」原誤作「陳」，據藏園本、訂補本改。

〔六七〕重刊木印：訂補本同，藏園本誤「木」爲「本」。

〔六八〕録：藏園本、訂補本均脱。

〔六九〕藏園本、訂補本此後增：「林注句解七十卷，有元刊」。

〔七〇〕各省：藏園本、訂補本均作「外省」。

〔七一〕藏園本、訂補本此後增「璜川吴氏刊本」。

〔七二〕昭代叢書丙集本：藏園本、訂補本均脱。

〔七三〕秉義官内閣學士兼禮部侍郎：藏園本、訂補本均脱。

〔七四〕經解本：藏園本、訂補本均作「阮經解本」。

〔七五〕藏園本、訂補本此後均增「阮經解本」。

〔七六〕乾隆中刊：藏園本、訂補本均作「乾隆中刊本」。

〔七七〕三十四年刊：藏園本、訂補本均作「三十四年刊本」。

〔七八〕藏園本、訂補本均在文末增入「重刻閣本」。又此條上方，藏園本有眉批語：「經學彙函本。蘇州局本。」

郘亭知見傳本書目卷三

經部六　孝經類〔一〕

古文孝經孔氏傳一卷附宋本古文孝經一卷〔二〕

舊本題漢孔安國撰。知不足齋本。佚存叢書本。近年日本别撰一孝經鄭注，尤爲僞中之僞，知不足齋併刻之。陽湖孫氏有日本單刻孝經，刻于永寶三年，當康熙三十五年，題云「天下至寶，萬世不易人倫孝道經」。

孝經正義三卷〔三〕

唐玄宗明皇帝御注。宋邢昺疏。閩、監、毛、殿、江西五本。明嘉靖初金臺汪諒刊注疏。南宋閩中刊本，即世所謂十行本也，間有正德、嘉靖補刻頁，惟孝經殘缺最多，原頁幾無一二存矣。阮刻即從十行本開雕。明皇御注阮校勘記所據有南宋相臺岳氏本。天禄後目亦有宋岳刊本一部，附音義。桐鄉金氏翔初書屋翻刻相臺本。同治庚午揚州書局重刊相臺本。明有正德六年刊本。近姑蘇張氏翻正德本。通志堂本，合馬范注。石臺御書石刻本爲最舊。

古文孝經指解一卷

宋司馬光撰。通志堂本并全載唐玄宗注。日本寶永三年刊無注本〔四〕，當康熙四十五年。

孝經刊誤一卷

宋朱子撰。朱子遺書本。經苑本。

孝經大義一卷

宋董鼎撰。通志堂本。前有熊禾序，蓋元大德九年鼎子真卿從胡一桂訪禾于雲谷山中，以此書質禾，禾屬其兄熊敬刊行。

孝經定本一卷

元吴澄撰。通志堂本。尚有元朱申句解一卷。

孝經述注一卷

明項霦撰。借月山房叢書本。

孝經集傳四卷

明黄道周撰。石齋九種本。

孝經大全二十八卷或問一卷附翼一卷

明吕維祺撰。康熙三年吕氏刊。

御注孝經一卷

順治十三年世祖章皇帝御撰。順治中内府刊本。

御纂孝經集注一卷

雍正五年世宗憲皇帝御撰。内府刊本。

孝經問一卷

國朝毛奇齡撰。西河全書本。

孝經全注一卷

國朝李光地撰。榕村全書本。近日祝桐君刊本。

孝經彙纂三卷

國朝孫念敏撰輯。嘉慶四年孫氏彊恕堂刊本。

孝經精義一卷附録一卷或問一卷餘論一卷

國朝張叙撰。乾隆三年刊。

右孝經類

經部七　五經總義類

駁五經異義一卷補遺一卷〔五〕

漢鄭玄撰。藝海珠塵本。問經堂本。許鄭遺書本。武億刊本。孔氏鄭學本。陳壽祺疏證本，三卷。

鄭志三卷補遺一卷〔六〕

魏鄭小同撰。聚珍本。閩覆本。問經堂本。汗筠齋叢書本。粤雅堂叢書本。

經典釋文三十卷

唐陸德明撰。通志堂本。抱經堂本，附校勘記。宋撫州公使庫禮記音義，通志堂有仿宋單本，佳。蜀大字本論、孟、孝經三音義，黄丕烈士禮居仿宋，亦佳。天禄後目有宋刊本，第七卷後揭北宋初年校勘各官銜名，係元明官書，有蒙古篆印及文淵閣印。錢遵王家有葉林宗影抄北宋本，徐、盧并據以校刊而不盡從。阮氏校勘記仍據葉本以校二本。何義門云：徐刻顧伊人所校，滿紙訛謬。武陵顧豹文有宋本，東海未能借校。張金吾家有殘本一卷，宋刊，爲崇文閣官書，乃春秋左氏音義之六，蓋全書之第二十卷也。卷末有「國子監崇文閣官書，借讀者必須愛護，損壞闕失，典掌者不許收受」印記。「元史云」至「閣也」四十六字須雙行注寫〔七〕。元史仁宗紀，皇慶二年六月建崇文閣于國子監。明太學志，崇文閣元藏書之所。春明夢餘録，國子監彝倫堂明之崇文閣也。又有子晉書印，蓋元官書歸汲古者。時可證通志、抱經朊改之失。

七經小傳三卷

宋劉敞撰。通志堂本。藤花榭本。三劉文集本。汪刻叢書本。天禄後目有北宋刊本。元進士劉聞庭臨川刊本。

程氏經説七卷

不著撰人。二程全書本。寶誥堂刊本，八卷。

六經圖六卷

宋楊甲撰。萬曆乙卯吴氏刊本。又郭刊本。康熙中汪氏、潘氏二刊本。乾隆五年六安王皜輯録本。乾隆九年鄭之僑本。天禄後目稱，明新都吴繼仕仿宋本極精，書首刻熙春堂藏板，又歸修吉堂〔八〕，每卷末有識語。又吴繼仕另刻七經圖。宋乾道刊本，爲圖三百有九，易七十，書五十五，詩四十七，周禮六十五，禮記四十三，春秋二十九，見苗昌言序。明計部方公得宋本重刊，長尺五寸，廣二尺。

六經正誤六卷

宋毛居正撰。通志堂本。嘉靖癸未南京重刊宋本。

刊正九經三傳沿革例一卷

宋岳珂撰。乾隆戊申任文校刊本。知不足齋叢書本。儀徵汪氏藤花榭刊本。吴志忠刊本。宋本，每半頁八行，行十八字，有明翻本，有新翻本。粵雅堂刊本〔九〕。

融堂四書管見十三卷

宋錢時撰。四庫依瓶花齋鈔本。宋景定辛酉天台錢可則刊本。

四如講稿六卷

宋黄仲元撰。嘉靖丙午刊本。舊抄本板心有「綉佛齋藏本」字。

九經疑難殘本四卷

宋樵陽張文伯正夫編，原十卷。張金吾收澹生堂抄本。阮氏即依澹生本録以進呈。

六經四書講稿六卷

宋黄仲元撰。板心有「綉佛堂藏本」五字。張金吾藏。

宋本九經直音十五卷

宋廬陵孫奕撰。孝經論語卷一，孟子卷二，毛詩卷三、四，尚書卷五，周易卷六，禮記卷七、

八、九，周禮卷十，春秋左傳卷十一至十五，其音皆據釋文，參以宋儒之讀，不能直音者紐以四聲字，亦或用切音，簡確易曉。奕撰有示兒編，見子部，乃好學淹通之士。此書雖取便蒙，亦具有根柢。四庫著録之明州本排字九經直音二卷者，蓋元時坊間因其書合併卷數刊之，而失載奕名耳。半頁十三行，行二十二字，巾箱本，大小略似今秦刻九經，當時必以附九經巾箱本白文之後。海寧查氏藏本，同治己巳仲春查燕緒持以相示，有「池北草堂、留畊書屋、延陵季子」三印。

六經奥論六卷

宋鄭樵撰。通志堂本。藤花榭刊本。明刊本。竹垞云：成化中盱江危輔藏本，黎温序而行之。

明本排字九經直音二卷〔一〇〕

不著撰人。四庫從元初刊本傳抄。至元丁亥梅隱書堂刊本。

五經説七卷

元熊朋來撰。通志堂本〔一〕。

十一經問對五卷

元何異孫撰。通志堂本。何云有序文，未曾補刻〔二〕。

五經蠡測六卷

明蔣悌生撰。通志堂本。明嘉靖戊戌浮梁閔文振刊本。

簡端録十二卷

明邵寶撰。雍正壬子華氏劍光閣刊本。明崇禎辛未刊本，附書説一卷，左觹一卷。存目。

五经稽疑五卷

明朱睦㮮撰。四庫依抄本録。

七經孟子考文補遺一百九十九卷凡例一卷〔一三〕

日本西條掌書記山井鼎撰，東都講言物歡補遺。日本原刊。嘉慶二年阮刊本。内尚書古文考一卷，單刻入函海。

九經誤字一卷

國朝顧炎武撰。亭林十書本。指海本。

經問十八卷經問補三卷

國朝毛奇齡撰。西河全書本。阮刊經解本。

九經古義十六卷

國朝惠棟撰。貸園叢書本。阮刊經解刊。蔣氏省吾堂刊。桂林同知李文藻刊本〔一四〕。昭代叢書甲集補。

十三經注疏正字八十一卷

國朝沈廷芳撰。盧云嘉善浦鏜原編。

十三經注疏并釋文校勘記二百四十五卷

國朝阮元撰。阮氏家本。經解本。

石經考文提要十三卷

國朝彭元瑞撰。

經義雜記三十卷

國朝臧琳撰。臧氏叢書本。

經義述聞三十二卷

國朝王引之撰。嘉慶二年刊。道光七年重定刊于京師。近揚州有覆本。

朱子五經語類八十卷

國朝程川撰。雍正乙巳刊。

群經補義五卷〔一五〕

國朝江永撰。敷文閣彙鈔本。阮刊經解本。經學叢書本。

經咫一卷

國朝陳祖范撰。乾隆甲申陳氏刊司業集本。

惜抱軒九經説十七卷

國朝姚鼐撰。嘉慶丙辰刊於旌德，僅十二卷。己巳刊于江寧，乃足本。

九經辨字瀆蒙十二卷

國朝沈炳震撰。四庫依抄本録〔一六〕。

古經解鉤沉三十卷

國朝余蕭客編。乾隆中刊本。

附録

古微書三十六卷

明孫瑴編。明刊本。守山閣本。墨海金壺單刊尚書中候鄭學本。照曠閣本。許鄭遺書本。活字板本。餘杭刊本。嘉興本。吴興本。

七緯三十八卷

國朝趙在翰撰。嘉慶十四年刊。

右五經總義類

經部八　四書類

孟子單趙注有乾隆辛丑安邱韓氏刊本，又孔氏微波榭刊本，皆善。季滄葦書目亦有相臺趙注。錢曾有舊抄，云以建安監本校對，脱誤甚多。真定梁氏有北宋本，後歸王侍郎之樞。單論語集解十卷，昭文張氏有抄本，元至正時日本國人所寫，即錢遵王家物。天禄後目有宋相臺岳氏本，論語何注十卷，孟子趙岐注十四卷，皆附音義。

孟子正義十四卷

漢趙岐注。其疏舊題宋孫奭撰。閩、監、毛、殿、江西五本。

論語義疏十卷

魏何晏等注，梁皇侃疏。日本國寬延庚午年根遜志原刊本，當康熙二十九年。乾隆五十一年内府刊本。知不足齋乾隆五十三年刊本。述古堂藏日本舊抄論語集解十卷，中遇「吾」字缺首筆，「語」字亦然，豈避日本諱耶？每卷終注經若干字，注若干字，末有「道祐居士重新命工鏤梓，正平甲辰五月吉日謹志」兩行。又有「學古神德楷法下逸門書」一行，正平乃割據年號，十九年當其國天皇貞治三年，中國元順帝二十四年也。見張金吾藏書志。敏求記亦載之（一七）。

論語正義二十卷

魏何晏等注。宋邢昺疏。閩、監、毛、殿、江西五本。明正德刊本，養新録有跋語，似即阮校勘記所據十行本〔一八〕。

論語筆解二卷

唐韓愈撰。宋刊附五百家韓集本，十卷，見天禄琳琅書目及朱竹坨跋，朱謂李太僕家藏。敏求記有十卷本。説郛、唐宋叢書不全。明范氏二十種奇書本。明世學山本。續百川學海本。藝海珠塵本。墨海金壺本。

孟子音義二卷

宋孫奭撰。通志堂本。抱經堂校本。乾隆辛丑安邱韓岱雲刊本。黄丕烈刊蜀大字孝經論孟音義本〔一九〕。

論語拾遺一卷

宋蘇轍撰。兩蘇經解本。指海本。

孟子解一卷

宋蘇轍撰。兩蘇經解本。指海本。

論語全解十卷

宋陳祥道撰。張金吾志載舊抄本，題云「重廣陳用之學士真本八經論語全解義十卷」。

孟子傳二十九卷〔二〇〕

宋張九成撰。四庫從本南宋刊本傳鈔。汲古閣有影宋精鈔本。季目有宋刊本三十二卷，題九成孟子解。汪士鐘藏北宋本〔二一〕，亦二十九卷，缺盡心上下。每卷題云張狀元孟子傳第幾，結銜云「皇朝太師崇國文忠公鹽官張九成子韶」，半頁十四行，行二十五字，頁左端綫外標篇名。同治丁卯冬見于胥門。四庫所據，豈即此本耶？何闕佚之相同也。

尊孟辨三卷續辨二卷别録一卷

宋余允文撰。明中葉後已無完本。守山閣本。

中庸集解三卷

宋石𡼏編。提要無此條，并見後中庸輯略條内。道光己酉友芝曾以衛氏集説所抄，合今行朱子遺書輯略合校，刊于遵義。

大學章句一卷論語集注十卷孟子集注七卷中庸章句一卷

宋朱子撰。内府仿宋淳祐刊本。元和吴志忠仿宋本，附考證。嘉靖丁亥南康府六老堂刊本。明刊仿宋本，大字，每卷後有音注，不知何人所刻，每半頁七行，行十五字。錢塘丁丙收一本，亦七行十五字者。經注句讀有圈注及序，有□抹，其文字異今本處，與吴志忠所言宋本大同。序後及每卷末皆附音考，于名物制度亦有補益，蓋宋元間翻刻所加，當在用取士以後也。

其音考字較本書圓活，同治丁卯秋客杭見之〔二二〕。

四書或問三十九卷

宋朱子撰。論孟或問。朱子遺書本。大學中庸或問。元、明四書集注及明以來大全書并附各章句之後，坊本始删去之。合刻四書或問。徐思曠夾注本。墨潤齋刊本。

論孟精義三十四卷

宋朱子撰。朱子遺書本。

中庸輯略二卷

宋朱子編。明嘉靖乙巳吕信卿刊本。朱子遺書本。康熙六十年湖北車雙亭刊本。墨潤齋刊本。今行本多錯誤，友芝曾以宋人引據校于石氏集解本中〔二三〕。

論語意原二卷

宋鄭汝諧撰。聚珍本。閩覆本。墨海金壺本。指海本，四卷。經苑本。

癸巳論語解十卷

宋張栻撰。通志堂本。何云：所刊據天一閣抄，未盡可信。康熙丁丑仇兆鰲刊。學津討原本。

癸巳孟子説七卷

宋張栻撰。通志堂本。何云亦據天一閣抄，後得最精宋本，未能校正修板。康熙丁丑仇氏刊本。

四書箋義十二卷補遺一卷

宋趙悳撰。悳，宋宗室，宋亡隱居浙之東湖，號鋏峰。其書四庫未收。阮文達撫浙曾據元泰定刊本影抄，進呈内府。仁和何元錫刊本。又守山閣本。

四書集編二十六卷

宋真德秀撰。通志堂本。浦城遺書本。何云：徐刻從李中麓鈔本，惜未盡善。

孟子集疏十四卷

宋蔡節撰。通志堂本。何云尚有論語集疏，當訪求刊之〔二四〕。

論語集説十卷

宋蔡節撰。通志堂本。

中庸指歸一卷中庸分章一卷大學發微一卷大學本旨一卷

宋黎立武撰。學海類編本。

四書纂疏二十六卷

宋趙順孫撰。通志堂本。

大學疏義一卷

宋金履祥撰。雍正己酉金氏藕塘祠塾重刊本。

論語集注考證十卷孟子集注考證七卷

宋金履祥撰。金氏祠塾刊本。

四書集義精要二十八卷

元劉因編。原本三十卷，今佚二卷〔二五〕，此本至孟子滕文公上而止，亦元人遺笈僅存者，不以殘闕病也。

四書辨疑十五卷

元陳天祥撰。通志堂本。

讀四書叢説四卷〔二六〕

元許謙撰。昭文張氏有舊抄，八卷。藏書志云：元史載許謙四書叢説二十卷，蓋本黄溍撰墓誌，經義考云未見。四庫所録闕佚已多，是本凡大學一卷，論語三卷，中庸孟子各二卷，首尾完整，信稀有之書，惟與史不符，或經後人合併歟？又有不全元刊本六卷，卷數同，缺大學、論語中卷。仁和何元錫刊巾箱本，八卷，完善，與趙悳四書箋義合刊。平津館藏書自有元刊讀論語叢説上中下三卷，黑口本，每頁小字三十二行，行二十六字。經苑本。阮氏從元刊本抄論語叢説三卷進呈，又抄中庸叢説足本二卷。

四書通二十六卷

元胡炳文撰。通志堂本。近年有重刊本。武林朱動單刻本。元刻本，每半頁十一行，行大十九字，小二十一字。

四書通證六卷

元張存中撰。通志堂本。蔣生沐有元刊本，每半頁十一行，行二十四字。

四書疑節十二卷

元袁俊翁撰。四庫依元板傳抄入録。

四書經疑貫通八卷

元王充耘撰。四庫依天一閣抄本傳録，尚首尾完具，惟第二卷中脱一頁，第八卷中脱一頁，無從校補，則亦僅存之笈矣〔二七〕。

四書纂箋二十八卷

元詹道傳撰。通志堂本二十六卷。

四書輯釋三十六卷

元倪士毅撰。朱考曰存〔二八〕。天一閣有刊本。

四書通旨六卷

元朱公遷撰。通志堂本。

四書管窺八卷〔二九〕

元史伯璿撰。四庫依汲古閣抄本，云明初有二刻本，皆佚。總目提要引楊東里集稱有四册，刻板在永嘉郡學，永嘉葉琮知黄州府，又刊置府學。

大學中庸集説啓蒙二卷〔三〇〕

元景星撰。通志堂本。

四書待問二十二卷

元蕭鎰撰。鎰字南金，臨江人。因當時取士以經疑爲試藝首，歷采宋元儒自朱子張南軒以下十三家説而折衷之，亦間取時文不倍師説者設爲問答之義。阮氏曾進呈。昭文張氏有舊抄本。季目有元刊本，缺中庸上論。天禄後目有明抄本。蔣生沐有元刊本，每半頁十四行，行二十三字，後有「泰定丁卯春仲虞氏務本堂刊」木印〔三一〕。

四書大全三十六卷

明胡廣等奉敕撰。明刊本。高麗國刊本。

四書蒙引十五卷別附一卷

明蔡清撰。明刊本。初稿十四卷，蔡氏門人季塀刊。此類所著録元明以來解義率皆淺略膚漫，言考證者尤駁雜無謂，要以虚齋蒙引爲最精當，餘則居正直解，林希元存疑，王樵紹聞編，皆頗樸實暢達，而較之蒙引，則遠不及矣。

四書因問六卷

明吕柟撰。嘉慶戊午重刊本。

問辨録十卷

明高拱撰。明刊。

論語類考二十卷

明陳士元撰。明刊本。湖海樓叢書本。歸雲别集本。

孟子雜記四卷

明陳士元撰。明刊本。湖海樓叢書本。歸雲别集本。

論語商二卷

明周宗建撰。明刊本。

論語學案十卷

明劉宗周撰。四庫依抄本録。劉子全書本。

四書留書四卷

明章世純撰。原刊本作章子留書，原十卷，餘四卷泛作儒家言，入存目。

日講四書解義二十六卷

康熙十六年大學士庫勒納等奉敕編。康熙内府刊本。

四書近指二十卷

國朝孫奇逢撰。容城刊本。

孟子師説二卷

國朝黄宗羲撰。刊本。

大學翼真七卷

國朝胡渭撰。小西山房刊本〔三二〕。

四書講義困勉録三十七卷

國朝陸隴其撰。康熙中刊本。又有續録六卷。

松陽講義十二卷

國朝陸隴其撰。天德堂刊本。

大學古本説一卷中庸章段一卷中庸餘論一卷論語劄記二卷孟子劄記二卷

國朝李光地撰。榕村全書本。

論語稽求篇四卷

國朝毛奇齡撰。西河全書本。阮經解本。

四書賸言四卷補二卷

國朝毛奇齡撰。西河全書本。阮經解本。

大學證文四卷

國朝毛奇齡撰。西河全書本。

四書釋地一卷續一卷又續二卷三續二卷

國朝閻若璩撰。眷西堂本。坊覆本非一。阮經解本。樊廷枚四書釋地補一卷，續補一卷，又續補一卷，三續補一卷，嘉慶丙子刊本。宋翔鳳四書釋地辯證二卷，樸學齋叢書刊本。阮經解本〔三三〕。

四書劄記四卷

國朝楊名時撰。楊氏全書本。

此木軒四書説九卷

國朝焦袁熹撰。康熙丙子刊本。書三味齋叢書本。

鄉黨圖考十卷

國朝江永撰。潛德堂本。覆板本非一。又有巾箱本。

四書逸箋六卷

國朝程大中撰。乾隆中刊本。墨海金壺本。海山仙館本。粵雅堂叢書本〔三四〕。

右四書類

經部九　樂類

殘本樂書要録三卷

唐武后時官書，原十卷。日本國猶存此殘本，天瀑山人以活字印入佚存叢書，其所引古書今頗罕見。阮氏曾進呈。

皇祐新樂圖記三卷

宋阮逸、胡瑗奉敕撰。宋皇祐五年刊大字本。胡心耘有校本。學津討原本。張金吾藏影寫新樂圖記，卷末有「皇祐五年十月初三日奉聖旨開板印造」兩行。

樂書二百卷

宋陳暘撰。宋慶元己未陳岐命林子冲校刊本，半頁二十六行，行二十一、二十二字不等，雙行注或二十二或至二十六字。元至正丁亥刊本。明鄭世子刊本。張溥刊本。昭文張氏元至正本，有目録二十卷，有至正丁亥秋七月福州路儒學教授林光大合刻禮樂書後序，陳岐假守盱江，閲軍所藏〔三五〕，有禮書而樂書未睹，從其家得副本，令建昌軍南豐縣主簿林子冲校勘以行。邵亭有殘本，存目録一卷，一之八，十七之四十四，百三十三之百三十九，百五十四之百七十二，百八十七之二百，僅七十六卷，卷末跋書林子冲，目録前題名作宇冲。

律吕新書二卷

宋蔡元定撰。性理大全本。雍正中周模注本。乾隆中羅登選箋義本。

琴譜六卷

元熊朋來撰。墨海金壺本。指海本。經苑本。粤雅堂本。

韶舞九成樂譜一卷

元余載撰。墨海金壺本。

律呂成書二卷

元劉瑾撰。墨海金壺本。

苑洛志樂二十卷

明韓邦奇撰。明嘉靖刊本。康熙二十二年吴氏刊。乾隆十一年薛氏刊。陸清獻日記述孟長安言，容城舊有苑洛志樂板，與吴巡道所刻爲工〔三六〕。

鐘律通考六卷

明倪復撰。四庫依天一閣抄本録。

樂律全書四十二卷

明朱載堉撰。明刊本，實三十八卷。

御纂御吕正義五卷

康熙五十二年聖祖仁皇帝御撰。内府刊本。

欽定詩經樂譜三十卷

乾隆五十三年奉敕撰。聚珍本。閩覆本〔三七〕。自漢魏以來古樂散佚，雅音殆絶，世所傳唐人樂譜十二篇亦未詳所受。我皇上體備中和，道隆製作，特命考尋古義於三百五篇，各正其宮調，諧其音律，定爲簫譜、笛譜、鐘譜、琴譜、瑟譜，渢渢乎夔曠之遺規，復見於今焉。

欽定樂律正俗一卷

乾隆五十三年奉敕撰。聚珍板本。閩覆本〔三八〕。即刊附詩經樂譜之末，因明朱載堉所譜，立我蒸民思文、后稷古、南風歌、秋風詞四篇，協以曲排小令之調，鄙倍荒誕，有乖風雅。特命改定此譜，併附列載堉舊譜，糾其悖謬，以正世俗之惑。右二種并有聚珍板本，閩覆本。此刻遺脱者乃上板時二書未成，據四庫館初稿，今依湖刻單行注本，補録于卷端。

古樂經傳五卷

國朝李光地撰。榕村全書本。

古樂書二卷

國朝應撝謙撰。四庫依抄本録。

聖諭樂本解説二卷

國朝毛奇齡撰。西河全書本。

皇言定聲録八卷

國朝毛奇齡撰。西河全書本。

竟山樂録四卷

國朝毛奇齡撰。西河全書本。

李氏學樂録二卷

國朝李塨撰。西河全書本。

樂律表微八卷

國朝胡彦昇撰。耆學齋刊本。

律吕新論二卷

國朝江永撰。守山閣本。

律話三卷

國朝戴長庚編。道光癸巳戴氏刊本。

音分古義二卷附一卷

國朝戴嵦士撰。咸豐庚申，杭城失守，死之，是書以無錫華翼綸借觀得存。同治丙寅，彝兒在滬上見華氏録本，借抄以備影山之藏。聞戴稿歸其子者且失之矣。

右樂類

經部十〔三九〕　小學類

爾雅單注有明嘉靖三年張景華刊本，嘉靖十七年吴元恭刊本，郎奎金五雅本，今有臧庸堂仿元雪窗書院本，顧廣圻仿吴元恭本，福禮堂附釋文本，曾燠刊影宋繪圖單注本，清芬閣重刊福禮堂本，道光乙酉金陵陳宗彝抱獨廬重刊明景泰丙子馬諒校本，鍾人傑本，胡文焕格致叢書本，曲阜孔氏本。

爾雅注疏十卷

晉郭璞注，宋邢昺疏。提要作十一卷。閩、監、毛、殿、江西五本。阮氏所據有黄丕烈藏宋刊單疏本，半頁十五行，行三十字。又有元刊明修注疏本，半頁九行，行二十字。宋刊單疏吴門袁氏有之，注與疏本别行，故復述注文。張金吾有元刊元印本十卷，完善，無補换之頁，首有「汲古閣」、「西河季子之印」兩印。爾雅疏無南宋十行本，北宋單疏外此爲最古。爾雅元雪窗書院本三卷，釋訓綽綽爰爰緩也。注云皆寬緩也，悠悠、稱稱、丕丕、簡簡、存存、懋懋、庸庸、綽綽，盡重語，元本及閩、監、毛本俱脱。序下有「雪窗書院新刊」六字〔四〇〕，故稱雪窗本。字體與唐石經同，每頁二十行，行經十九字，注二十六字，注下連附音切，于本字上加圈爲識，校諸注疏本獨爲完善。元大德己亥曹氏進德齋刊本，半頁八行，行十六字〔四一〕。

爾雅注三卷

宋鄭樵撰。津逮秘書本。學津本。侯官鄭杰己亥刊巾箱本。嘉慶黔中刊本。鄭坦刊本注亦大字。

爾雅新義十卷

宋陸佃撰。嘉慶戊辰三間草堂刊。四庫未收。阮氏進呈。

爾雅正義二十卷

國朝邵晉涵撰。乾隆戊申刊本。京覆本。阮經解本。

爾雅義疏二十卷

國朝郝懿行撰。阮經解本。咸豐初陸刊本。又淮上刊本。

爾雅補郭二卷

國朝翟灝撰。刊本。

爾雅釋地四篇注一卷

國朝錢坫撰。錢氏四種本。

小爾雅一卷

（漢）孔鮒撰。四庫以本附孔叢子中，入之存目。有李軌注，宋咸注。本朝有王煦撰疏證八卷，宋緜初訓纂□卷，并刊本。

方言十三卷

漢揚雄撰。漢魏叢書本。格致叢書本。古今逸史本。胡文煥百名家書本。聚珍板本。閩覆本。戴震疏證微波榭本。抱經堂校本。宋有慶元庚申刊本。明陳與郊編方言聚類四卷，萬曆甲辰刊，依爾雅例分十六門，頗易尋檢，四庫入存目中。輶軒使者絶代語釋别國方言十三卷，昭文張金吾藏影宋寫本，云即戴氏疏證所稱曹毅之本也。末有「正德乙巳夏五，得曹毅之宋刊本手影」一行，又有「丙辰九月載之補抄」一行。卷十「膞凡也」，注「此音義所未詳」，各本此皆誤。卷十一「南楚之外謂之蠦蟒」，注「亦呼蚝蛆」，各本「蚝蛆」俱誤「吒咟」，是二處似勝，而戴校未及。

釋名八卷

漢劉熙撰。漢魏本。格致本。古今逸史本。五雅本改題逸雅。百名家家書本。鍾評秘書本。宋刊本八卷，臨安府陳道人書籍鋪刊行。昭文張氏有殘本。明畢效欽本，八卷。儲邦倫刊及夷門廣牘本，一卷。孫星衍有明翻陳道人本。篆字本。吴志忠本。孫志殘宋本，存一至四。

釋名疏證八卷補遺一卷續纂一卷

國朝畢沅撰。經訓堂刊。又有篆文一本，江聲寫刊(四二)。

廣釋名二卷

國朝張金吾撰。刊。

廣雅十卷

魏張揖撰。漢魏本。格致本。逸史本。五雅本。明正德庚辰吴郡刊。畢效欽本。王懷祖云：廣雅除宋本外，畢效欽本最佳。張金吾有明支硎山人舊抄博雅十卷，有顧千里跋〔四三〕。

廣雅疏證十卷附曹憲音義十卷

國朝王念孫懷祖撰。子引之續成刊。

匡謬正俗八卷

唐顔師古撰。雅雨堂本。藝海珠塵本。

群經音辨七卷

宋賈昌朝撰。張氏澤存堂刊本。天禄後目有宋本三部。宋初刊于崇文書院，南渡後再刊于臨安府學，三刊于汀州寧化縣學。樂意軒有翻宋本。粤雅堂刊本。

埤雅二十卷

宋陸佃撰。格致叢書本。五雅本。明初顧棫刊本。成化乙亥刊本。嘉靖元年贛州府清獻堂本。乾隆間有活字本。明正統九年贛州通判鄭暹刊。明牛衷增修本四十二卷，名埤雅廣要，四庫入小説家。宋宣和七年其子宰始刊板，後其五世孫壑知贛州，又刊于群庠(四四)。

爾雅新義二十卷

宋陸佃撰。四庫提要謂，新義僅散見大典中，訛闕不能排纂。陳氏書録云，頃在城南傳寫，凡十八卷，其曾孫子遹刻于嚴州者，爲二十卷。是編從宋刻影抄凡二十卷，殆即子遹刊本，佃著新義畢，乃更著埤雅爲輔，然大率不出王氏之學，句讀亦多不同。阮氏曾以進呈。道光間有刊本。

爾雅翼三十二卷

宋羅願撰。明新安畢效欽刊本。五雅本。格致叢書本。天啓中羅氏刊本。學津本。嘉慶己未重刊明本。宋咸淳庚午刊本。元延祐庚申郡守朱霽重刊本。

駢雅七卷

明朱謀瑋撰。明朱氏刊本。借月山房本。澤古齋本。

駢雅訓纂十六卷

國朝魏茂林撰。道光二十五年刊。

字詁一卷

國朝黄生撰。乾隆五十二年刊本。指海本。道光壬寅族從孫黄承吉合案字詁義府刊本。

續方言二卷

國朝杭世駿撰。杭氏七種本。藝海珠塵本。程際盛續方言補正二卷，程氏遺書本，亦見藝海珠塵本。

別雅五卷

國朝吴玉搢撰。督經堂刊本〔四五〕。

經傳釋詞十卷

國朝王引之撰。王氏刊本。揚州刊本。阮經解本。守山閣本。

拾雅并注二十卷

國朝夏味堂撰。夏氏刊本。又先刊無注本。

右小學類訓詁之屬

急就章四卷

漢史游撰。玉海附刊。元本。今本。格致本。津逮本。學津本。岱南閣巾箱本，有考異一卷。抱獨廬叢刻有經文草書一卷〔四六〕。

説文解字三十卷

漢許慎撰。宋徐鉉等補注補音并加增新附字。汲古閣大字本。朱筠重刊汲古本。孫氏平津館仿宋小字本。藤花榭仿宋小字本。黄丕烈有宋刊小字本十五卷，段懋堂曾取以校訂〔四七〕。

説文解字五音韻譜十二卷

宋李燾重編。明萬曆戊戌陳大科刊大字本。明刊中字本。天啓七年世裕堂重刊。又孫西浦翁刊大字本，劣，其子見易跋。

説文解字補義十二卷

元包希魯撰。四庫未收，阮氏曾進呈。希魯字伯魯，進賢人，至正乙未自序。昭文張氏有元刊本，今歸上海郁氏。

説文長箋一百卷〔四八〕

明趙宧光撰。有萬曆丙午刊本。四庫入存目。又有六書長箋七卷，同時刊，亦列入存目。

説文解字注三十卷附六書音均表二卷

國朝段玉裁撰。段氏經韻樓刊本。玉裁又有説文訂一卷，專訂毛扆刊本改宋之誤。

段氏説文注訂八卷新附考六卷續考一卷

國朝鈕樹玉撰。鈕氏刊本。

説文斠銓十四卷

國朝錢坫撰。錢氏刊本。

説文校議十五卷

國朝嚴可均撰。嚴氏刊本。又有説文聲類二卷。

説文義證五十卷

國朝桂馥撰。有山東刊本。同治九年湖北崇文書局刊本。

説文釋例三十卷句讀二十卷

國朝王筠箓友撰。句讀道光庚戌刊，釋例先十四年丁酉刊。筠，安邱人。

唐本説文木部箋異

友芝撰。同治二年湘鄉曾相國刊于安慶幕府。

説文繫傳四十卷〔四九〕

南唐徐鍇撰。汪啓淑刊大字本。馬氏龍威秘書小字本。馬出于汪，并多錯脱。道光十九年祁刻仿宋本，最善，附承培元校勘記三卷。殘宋本每半頁七行，行大十四字，小二十二字，存通釋第三十至末，凡十一卷。寒山趙宧光舊物，曾藏黄丕烈家。

説文繫傳考異四卷

國朝汪憲撰。道光丁酉瞿世瑛氏清吟閣刊本。

説文繫傳校録三十卷

國朝王筠撰。刊本。

説文解字篆韻譜五卷

南唐徐鍇撰。元刊本。明巡撫李顯刊本。函海本行款與李本同，蓋即出李本。同治甲子吴縣馮桂芬據影鈔宋本，刊無新附字，無後序，無羼入蕑辣等俗字。

重修玉篇三十卷

梁顧野王撰。張士俊澤存堂仿宋本。新安汪氏明堂善本。曹楝亭五種本。道光中湘潭鄭氏覆張本，劣，附札記。天禄後目有宋刊本三部。明司禮監本部次稍不同，注亦稍略，然仍是宋人重修之本。萬曆初元益王府刊本。汪士鐘家有北宋本〔五〇〕。

干禄字書一卷

唐顔元孫撰。石本在潼川〔五一〕。宋寶祐丁巳衡陽陳蘭孫刊本。馬日璐仿宋重雕，與蜀石多不同。又有桐鄉魏公刊本，四庫稱别本，入存目。夷門廣牘本。格致叢書本。龔宇刊本〔五二〕。

五經文字三卷

唐張參撰。石本。馬氏叢書樓刊本。微波榭刊本。顧氏玲瓏山館重刊本。

九經字樣一卷

唐唐元度撰。石本。叢書樓本。微波榭本。玲瓏山館本。汪刻叢書本。趙谷林重刻五代和凝本。

汗簡三卷目録叙略一卷

宋郭忠恕撰。康熙癸未汪立名刊本。馮己蒼手抄本七卷，在昭文張氏。又孫本芝抄本。

佩觿三卷

宋郭忠恕撰。宋萬玉堂本，末葉中縫有「周潮繕寫」四字。萬玉堂太玄末葉亦有「海虞周潮書」五字，蓋出一手。明初仿宋刊本。澤存堂本。續知不足齋本。唐宋叢書本。海寧許氏仿宋刊本。鎖氏特健藥齋校刊本。端始堂本。

古文四聲韻五卷

宋夏竦撰。乾隆己卯汪啓淑刊本。又云集古文韻，天一閣宋紹興乙丑浮屠寶達重刊本，即吾衍所謂僧翻本。汪氏據汲古閣影寫宋刻付雕，有慶曆四年竦自序。

類編四十五卷

宋司馬光撰。楝亭曹氏五種本十五卷，卷分上、中、下。

五音類聚四聲篇十五卷

金韓道昭撰。全引玉篇增字增義，改併部次以成，可校玉篇。四庫入存目中。明成化官刊，合五音集韻。後有數刊。

鐘鼎款識一卷

宋王厚之撰。阮氏刊本，板式極大。近年粤東重刊本。

歷代鐘鼎彝器款識法帖二十卷

宋薛尚功撰。石刻宋拓本嘉善程氏有之。明萬曆間朱印本，訛闕甚多。崇禎中朱謀垔校刊本。阮刊本。

復古編二卷

宋張有撰。昭文張氏有明初刊本。元吴均增補，題增修復古編，吴均仲平增補之本。卷上分子卷三卷，下分子卷五，吴方山藏書，見張氏志。明萬曆中黎民表刊本。安邑葛氏刊本〔五三〕。

續復古編四卷〔五四〕

元曹本撰。本字子學，大名人，嘗爲都昌丞，後佐信州幕，與太僕危素友善，好古篆，下筆深穩。是書因張有所分六類而益其二，曰字同音異，曰音同字異，成于至正十二年，溯始功已十九年。阮氏曾以抄本進呈，尚缺上正下訛一類。

漢隸字源六卷

宋婁機撰。汲古閣本。丁杰校刊本。張金吾有汲古舊抄本。

隸韻十卷考證一卷

宋劉球撰。刊本。嘉慶十五年秦恩復刊，首存殘碑目一卷及球進表半篇，十卷末行有「御前應奉沈亨刊」七字，蓋當日奏進奉刊之本。考證則翁方綱所記。阮氏曾以進呈。

集篆古文韻海五卷

宋杜從古撰。字唐稽，里居未詳，自序稱朝請郎、尚書職方員外郎。是編以舊抄影寫，從古以汗簡、古文四聲韻闕佚未備，因而廣之，序云比集韻則不足，較韻略則有餘，視竦所集則增數十倍矣。書史會要云：宣和中從古與米友仁、徐兢同爲書學博士，高宗稱先皇帝喜書，設學養士〔五五〕，獨得杜唐稽一人。觀其書，所譽良不虛。阮氏曾進呈。

班馬字類五卷

宋婁機撰。明刊本。今澤存堂張士俊刊本。馬氏玲瓏山館仿宋本，題史漢字類，其板後歸吴興倪氏鉏經堂。天禄後目有宋刊本六部。昭文張氏有抄本，附宋李曾伯補遺一千二百三十九字，隨婁本依韻編入，有景定甲子刊書自序。海昌蔣氏刊婁本。

字通一卷

宋李從周撰。寶祐甲寅虞兟刻本。知不足齋本。

六書故三十三卷

宋戴侗撰。明嶺南張萱刊本。乾隆四十九年蜀李鼎元刊本。

龍龕手鏡四卷

遼僧行均撰。函海本。汪氏叢書本。遼板每半頁十行，每行大小三十字不等，仁和瞿氏所藏〔五六〕。

六書統二十卷

元楊桓撰。元至大戊申刊本。元統重修。明翻元本。張目謂元本卷末有「□□三年八月江浙等處儒學提舉余謙補修」一行，「三年」上當是「元統」，蓋至大刊元統補修本。同治己巳在蘇肆見一本，其首倪堅序。

續古篆韻六卷〔五七〕

元吾丘衍撰。四庫未收。阮氏曾進呈，依舊抄影寫。道光丙申陳宗彝抱獨廬刊本。

增廣鐘鼎篆韻七卷

元臨江楊鉤信文甫集。宋王楚作鐘鼎篆韻，薛尚功廣其一卷爲七卷，信文又博采以補未備，益以党世傑集韻。其所增以「楊增」別之。延祐甲申馮子振序。昭文張氏有抄本。阮氏曾以進呈，其提要云：卷末有洪熙侯書籍印，蓋明本也。

周秦刻石釋音一卷

元吾邱衍撰。

字鑑五卷

元李文仲撰。澤存堂刊本。近年許槤刊本。

說文字原一卷六書正譌五卷

元周伯琦撰。元至正乙未刊本。嘉靖元年于氏刊本。成化本。崇禎甲戌胡正言重刊本。張目字源有影元刊本，正譌有元刊本。

篆法偏旁點畫辨一卷辨釋篆法辨一卷

元應在撰。明刊本。根據篆書以訂隸楷之誤。述古堂及補元藝文志皆著録，而不知其名。張金吾藏書志。

漢隸分韻七卷

不著撰人。元刊本。明刊本。格致叢書本。乾隆壬辰辨志堂刊本。

六書本義十二卷

明趙撝謙撰。明正德己卯于器之刊本。秦川胡文質刊本。

奇字韻五卷

明楊慎撰。函海本只一卷。

古音駢字一卷續編一卷

明楊慎撰。函海本。

俗書刊誤十二卷

明焦竑撰。見過齋本。

字孿四卷

明葉秉敬撰。杭人潘之琮刊本。顧氏玲瓏山館重刊本。

御定康熙字典四十二卷

康熙五十五年大學士張玉書等奉敕撰。康熙内府刊本。江南覆本。海昌陳氏刊本。道光重校内刊本。王引之撰校勘記十卷，王氏刊本。汪汲字典紀字云，共四萬九千三十字。

欽定西域同文志二十四卷

乾隆二十八年大學士傅恒等奉敕撰。内刊本。

欽定增訂清文鑑三十二卷補編四卷總綱八卷補總二卷

乾隆三十六年大學士傅恒等奉敕撰。内刊本。

清文備考六卷

國朝戴穀撰。刊本。

清文啓蒙四卷

國朝舞格撰。作忠堂刊本。

欽定滿洲蒙古漢字三合切音清文鑑三十三卷

乾隆四十四年大學士阿桂等奉敕撰。内刊本。閣内未入提要〔五八〕。

小學鉤沉十九卷

國朝任大椿撰輯。汪廷珍刊。

篆隸考異二卷

國朝周靖撰。四庫依長洲文倉手抄本，云未有刊板〔五九〕。

經籍籑詁一百六卷附補遺一百六卷

國朝阮元撰。嘉慶四年刊。

繆篆分韻五卷補一卷

國朝桂馥撰。原刊本。

隸辨八卷

國朝顧藹吉撰。項氏玉淵堂刊本。乾隆癸亥黄晟翻項本。

隸篇十五卷續十五卷再續十五卷

國朝翟雲升撰。道光十八年刊。

唐寫本説文木部箋異一卷〔六〇〕

友芝箋。湘鄉曾相國付刊，其原寫本仍藏莫氏。

右小學類字書之屬

廣韻五卷〔六一〕

不著撰人。明司禮監本。顧亭林刊本。又有麻沙小字，題「乙未歲明德堂刊」，似是元本。

天禄後目有宋刊麻沙本。

重修廣韻五卷〔六二〕

宋大中祥符四年陳彭年等奉敕撰。張士俊仿宋本，佳。新安汪氏明善堂本。曹楝亭本，末入聲注不全，陸丹叔藏有宋刊本。長沙鄧刊張本劣。

集韻十卷

宋丁度等撰。曹楝亭五種本。昭文張氏有余蕭客精校本。嘉慶甲戌顧廣圻重修曹板，曹氏刊本謬誤甚多，中有一卷全出改竄者，須用宋本校正。吴鍾駿有毛氏影抄本，阮芸臺、段懋堂題跋。陳小鐵有段玉裁、鈕樹玉合校本。汪遠孫有從宋板校本。仁和瞿氏有影宋抄本。

切韻指掌圖二卷附檢例一卷

宋司馬光撰。昭文張氏舊抄，較大典本完善。墨海金壺本。毛抄影宋本一卷。五硯樓袁氏校本一卷，與敏求記合，今藏胡心耘家，無檢例。愛日精廬舊抄，首曰切韻指掌圖要括。邵氏檢例大半襲要括原文，或即温公之檢例歟？有自序，有嘉定癸亥董南一序。

韻補五卷

宋吴棫撰。明初刊本。嘉靖元年陳鳳梧重刊本上下卷。天禄後目有宋刊本。山西楊氏新刊叢書本。高宰平有元刊本。大字宋本。中字宋本。小字古體明刊。

附釋文互注禮部韻略五卷附貢舉條式一卷

宋丁度撰。曹楝亭五種本。四庫據常熟錢氏影宋抄本，所附條式曹刻無之。

增修互注禮部韻略五卷

宋毛晃增注。明刊多訛誤。四庫依宋寶祐四年蜀中刊本著録。宋刊有紹定庚寅上巳重刊本，藏邵僧彌家，後歸顧抱冲。淳祐四年高衍孫著本。元刊本卷一後有「至正辛丑妃仙興慶書堂新刊」木印。有曹子清刊本。顧亭林云，于六合湯盛宏濩處得宋刻，其卷端云「男進士居正校刊重增」，光宗、寧宗諱并迴避，則寧宗以後刊本也。

增修校正押韻釋疑五卷

宋歐陽德隆撰。提要云久無刊本。此本從宋槧本鈔出，曹寅所刊别本序中闕六字，條例中缺二字，此本皆完，知寅未見也。邵本朱記。

新編分類增注正誤決疑韻式一卷

本五卷，存入聲屋至三十四之一卷。宋巾箱本，每韻前列字畫之誤、音韻之疑兩類，每字下凡字同音異、字異義同者，辯正頗爲精審，尤致謹于避諱。其書特備場屋之用，自來無著録者，而宋刊宋印可愛，見張金吾續志。

平水新刊韻略五卷

金王文郁撰。昭文張氏有此書，係元大德刊本。

九經補韻一卷

宋楊伯嵒撰。百川學海本。古今逸史本。秦氏汗筠齋叢書本，附錢侗考證一卷。學津討原本。粵雅堂刊錢侗考證本。

新刊韻略五卷

金王文郁撰。併舊韻二百六部爲一百六部，所併之韻，韻首一字以魚尾隔之。是書金正大己丑初刊，尚有元大德刊本，其成書先劉淵二十四年，就韻會所引考之，蓋襲取文郁書而稍增損之。卷末有「大德丙午重刊新本平水中和軒王宅印」木印。黄蕘圃藏，錢竹汀跋，見張氏藏書志。

五音集韻十五卷

金韓道昭撰。元有至正庚寅重刊小字本。明成化丁亥刊小字本。成化庚寅重刊本。正德乙亥刊大字本。萬曆乙丑刊本。

古今韻會三十卷

元熊忠撰。元刊本載熊忠序，稱黄先生作古今韻會，惜其篇帙浩瀚，因取禮部韻略，增以毛、劉二韻及經傳當收未載之字，别爲此書。昭文張氏、上海郁氏皆有元刊本。明嘉靖乙未江西提學李愚谷刊本。日本國據嘉靖本重刊〔六三〕。

四聲等子一卷

不著撰人。元刊本，每半頁十三行，行十八字。萬曆五年崇德圓通庵僧如彩曾刊大板，半頁十三行，行十八字。曾一經刊本。

經史正音切韻指南一卷

元劉鑑撰。明成化丁亥釋文儒刊本，附改併五音篇後。萬曆己丑刊本，亦附改併篇韻後。

今康熙甲子釋恒遠單刊。

洪武正韻十六卷

明洪武中翰林侍講學士樂韶鳳等奉敕撰。明初官本。隆慶辛卯重刊本。

古音叢目五卷古音獵要五卷古音餘五卷附録一卷

明楊慎撰。此下六種二十二卷明嘉靖李元陽中溪刊本。升菴戍滇，與中溪最善。函海本。

古音略例一卷

明楊慎撰〔六四〕。函海本。李元陽刊本。

轉注古音略五卷

明楊慎撰。函海本。李元陽刊本。

毛詩古音考四卷

明陳第撰。一齋全書本。又閩中徐氏明刊本。龍氏敷文閣彙鈔本。學津討原本。

屈宋古音義三卷

明陳第撰。一齋全書本。學津討原本。

欽定音韻闡微十八卷

康熙五十四年大學士李光地等奉敕撰。内刊本。

欽定同文韻統六卷

乾隆十五年莊親王允禄等奉敕撰。内刊朱墨本。

欽定叶韻彙輯五十八卷

乾隆十五年大學士梁詩正等奉敕撰。内刊本。

欽定音韻述微三十卷

乾隆三十八年奉敕撰。佩文詩韻所收一萬二百五十二字。

音論三卷

國朝顧炎武撰。顧氏刊張弨書音學五書本。阮刊經解本一卷。五書并有擺印本。

詩本音十卷

國朝顧炎武撰。音學五書本。阮經解本。

易音三卷

國朝顧炎武撰。音學五書本。阮經解本。

唐韻正二十卷

國朝顧炎武撰。音學五書本。

古音表二卷

國朝顧炎武撰。音學五書本。

韻補正一卷

國朝顧炎武撰。亭林十書本。指海本。

聲韻考四卷

國朝戴震撰。戴氏遺書本。段氏經均樓本。貸園叢書本。

聲類表十卷

國朝戴震撰。戴氏遺書本。

古今通韻十二卷

國朝毛奇齡撰。康熙甲子史館刊本。西河全書本。

易韻四卷

國朝毛奇齡撰。西河全書本。

唐韻考五卷

國朝紀容舒撰。守山閣本。

古韻標準四卷

國朝江永撰。貸園叢書本。墨海金壺本。守山閣本。指海本。音學辨微一卷。粵雅堂叢書本。

右小學類韻書之屬

附録

六藝綱目二卷

元舒天民撰。元至正甲辰刊本。近年劉喜海刊本〔六五〕。指海本。楊以增刊本。金陵朱述之刊本〔六六〕。

經部：四庫未及收者百十八種，四庫著録未見傳本者四十五種，四庫存目者三種〔六七〕。

【校勘記】

〔一〕「孝經類」之下，藏園本、訂補本均有「直齋云：孝經鄭注，乾道中刊於京口學宮，今已無傳。舊在東先生輯中」。

〔二〕此條上方，藏園本等印本有眉批語：「嚴可均輯刻本，姚氏重刊。錢獻之翻刊。」

〔三〕此條上方，藏園本等印本有眉批語：「日本刻北宋小字本。黎刻卷子本。」

〔四〕藏園本、訂補本均脱「唐玄宗注日本寶永三年刊無注本」一句。

〔五〕此條上方，藏園本等印本有眉批語：「陽湖莊氏，海寧陳氏兩輯本。」

〔六〕此條上方，藏園本等印本有眉批語：「經學彙函本。」

〔七〕此處原有朱筆批注：「『元史』云至『閣也』四十六字須雙行注寫。」

〔八〕修吉堂：原誤作「修善堂」，據訂補本改。

〔九〕藏園本此後增入：「周展□有讀相臺三經隨筆四卷。宋有抱經樓抄本。」訂補本未將「粵雅堂刊本」列入莫氏正文，而是將「粵雅堂刊本」及藏園本所增入文字作爲附録，并注曰：「原稿無，印本入正文。」

〔一〇〕此條上方，藏園本等印本有眉批語：「陸心源刊本。」

〔一一〕藏園本、訂補本等印本此後增入：「明錫山安氏活字本，十三行，行十六字。晦庵有竹垞手抄本，簡端有熊明來傳，竹垞有印記。」

〔一二〕藏園本、訂補本等印本此後增入：「收抱經、修能合校舊抄本。」又此條上方藏園本、訂補本增加眉批語：「通志本無序文，後兩卷闕字甚多。嚴修能有舊抄，獨全。」

〔一三〕一百九十九卷：藏園本、訂補本均誤爲「一百九十卷」。

〔一四〕貸園叢書本與桂林同知李文藻刊本實爲一種刻本，即清乾隆間桂林同知李文藻潮陽縣署刊周永年印貸園叢書本。

〔一五〕此條上方，藏園本等印本增有眉批語：「經學叢書乃璜川吴氏刊也。」

〔一六〕《持静齋藏書記要》卷下記是書：「依閣鈔本。是書《四庫》依鈔本著録，未見刊本。」

〔一七〕該頁有一浮簽，藏園本等印本將浮簽上之文字增入此後：「日本正平本論語集解，光緒八年遵義黎氏得之日本東京，即于其地付刊。」又，此條上方，藏園本等印本增有眉批語：「鮑本每頁中無知不足齋字。」

〔一八〕藏園本等印本此後增入：「明崇禎丙子熊九香、熊九敕論孟注疏，楊鶚序云十三經中，四書全本行世，正其訛舛，而餘經嗣刻云云。」又，此條上方，藏園本等印本增有眉批語：「頃見宋刻巾箱本，每半頁十行，行十八字，注雙行，行二十三字。首有季滄葦、阮文達諸印。」

〔一九〕各種印本均脱句末「本」字。藏園本等印本此後增入：「孔刻附章句後。」訂補本注：「原稿無，印本入正文。」

〔二〇〕此條上方，藏園本等印本增有眉批語：「南潯劉氏有宋刻本。」

〔二一〕《孟子傳》作者爲南宋人張九成，字子韶（1092—1159），係南宋高宗紹興二年狀元。此言「北宋本」，誤，當爲「南宋本」。

〔二二〕此條上方，藏園本等印本增有眉批語：「吴志忠本、明經廠本孟子皆四十卷。」

〔二三〕藏園本、訂補本等印本均脱句末「中」字。

〔二四〕刊之：藏園本、訂補本均作「刻之」。

〔二五〕訂補本注曰：「元至順元年江南行省官刊本，三十六卷，九行十七字，細黑口，四周雙闌。前有江浙等處儒學提舉司官牒，後列官吏銜名十行。第三十六卷爲徵引各家文集姓名。有毗陵周氏藏印。莫氏誤記爲三十卷。」此考證是也。

〔二六〕此條上方，藏園本等印本增有眉批語：「德清徐氏修吉堂有元刊本三卷，嚴修能抄録一過。」

〔二七〕藏園本、訂補本均脱句末「矣」字。

〔二八〕朱考曰存：原作「朱耆存」，誤。考，係指朱彝尊《經義考》；存，係指《四庫全書存目》。

〔二九〕此條上方，藏園本等印本增有眉批語：「朱述之云，項九山有足本。」訂補本按語曰：「朱緒曾與勞格同時，故此條亦莫棠録勞格批四庫簡目之文也。」

〔三〇〕啓：原脱，今予校補。

〔三一〕木印：藏園本、訂補本均作「木記」。

〔三二〕此條上方，藏園本等印本增有眉批語：「刊板今歸丹鉛精舍。」訂補本按語曰：「此條當即莫棠所録勞格批四庫簡目之一條。據此可推知眉批中涉及嘉道間人諸條約勞格筆。」

〔三三〕阮經解本：藏園本、訂補本均作「阮刻經解本」。

〔三四〕原用朱筆補「粤雅堂叢書本」，藏園本同，訂補本脱。

〔三五〕閲軍所藏：藏園本與莫繩孫原鈔本同，訂補本作「軍閲所藏」。

〔三六〕所刻爲工：藏園本、訂補本均作「所刻爲三」。

〔三七〕此後文字，藏園本、訂補本等各印本均脱。

〔三八〕此後文字，藏園本、訂補本等各印本均脱。

〔三九〕藏園本此下有：「嘉靖乙酉張景華刊爾雅注三卷，與雪窗本合，亦附音釋于注下。雪窗本誤處，此有不誤，蓋從景泰馬諒本出也。」訂補本將此作爲眉批語。

〔四〇〕六字：原朱筆作「八字」，據實際字數當爲「六字」。藏園本、訂補本均作「六字」，今從之。

〔四一〕此頁有一浮簽云：「影宋蜀大字本爾雅注，大字，每半頁八行，行十五、十六字不等。小字雙行，行二十一字，遵義黎氏得之日本東京。刊入古逸叢書。」藏園本、訂補本等印本增入正文，且「刊入古逸叢書」一句作「即于其處刊行。」又，此條上方，藏園本、訂補本增有眉批語：「黎刻蜀大字本，陸心源單疏本。」

〔四二〕寫刊：藏園本、訂補本均誤作「寫本」。

〔四三〕此條上方，藏園本等印本增有眉批語：「盧抱經、嚴修能皆有校本。」

〔四四〕此條上方，藏園本增有眉批語：「季目有金本三十卷。」

〔四五〕督經堂：藏園本誤作「耆經堂」；又，此條上方增有眉批語：「滂喜齋本。」

〔四六〕此條上方，藏園本增有眉批語：「黎刊日本人寫本。」

〔四七〕該頁原有一浮簽云：「浦氏翻刻孫本。同治十二年番禺陳昌治繩齋刊本説文解字十行本，附通檢六卷，番禺黎永椿震編集。」藏園本、訂補本均將此浮簽語排入正文。

〔四八〕一百卷：訂補本誤爲「二百四卷」。

〔四九〕此條上方，藏園本增有眉批語：「姚氏重刊本。吴寶忠刊本。蘇州局本。」

〔五〇〕此條上方，藏園本增有眉批語：「原本玉篇殘卷，黎氏在日本刊。」

〔五一〕潼川：藏園本、訂補本均作「潼州」。

〔五二〕龔宇：藏園本、訂補本作「龔氏」。

〔五三〕藏園本等印本此後增入：「淮南局本。」訂補本按語：「原稿無，印本入正文。」

〔五四〕此條上方，藏園本增有眉批語：「近姚彦侍刊本。」

〔五五〕養士：原作「養古」，誤，據藏園本、訂補本改。

〔五六〕莫友芝《宋元舊本書經眼録》卷三記是書詳明，可互參。

〔五七〕此條上方，藏園本增有眉批語：「周秦刻石釋音一卷，嘉靖十年刊本，行十七字。」

〔五八〕閣内：藏園本、訂補本均脱此二字。

〔五九〕藏園本、訂補本等印本正文此後增入：「陸心源藏其手稿八卷。」
〔六〇〕此條藏園本、訂補本等各種版本均脱。
〔六一〕〔六二〕此條上方，藏園本等印本增有眉批語：「黎刊元本。」
〔六三〕此書目之上方，藏園本等印本增有眉批語：「淮南局本，姚氏刊本。」
〔六四〕「慎」前衍「莽」字，據藏園本、訂補本改。
〔六五〕劉喜海：原作「劉憙海」，據藏園本、訂補本改。
〔六六〕藏園本、訂補本此下增「近汪鳴鑾刊或即劉舊板印耶」一句。
〔六七〕此爲莫繩孫用朱筆寫于經部卷三之末的總結語，各種印本均無之。

郘亭知見傳本書目卷四

史部一　正史類

明南監板二十一史，或取他省舊刊附官刊，元史不足之部則新刊足之，其式大小行疏密皆不一律，以嘉靖印者爲最佳，後來所收舊板遞有修補，不足貴矣。其板至嘉慶間乃毁于火，然自雍、乾以來印者直不可讀矣。收南監本能得嘉靖前印舊刊諸種，益以嘉靖新刊初印數種，乃爲最善。梅伯言、路小洲兩家俱有初印本，當是嘉靖時印，未必諸舊刊皆初印也。明北監板，萬曆間依南監本重寫，刊爲一律，雖較整齊，而不如南監舊印之少訛字。康熙間通修補一過，其板至今猶存。然自乾隆殿板成，此板遂罕印矣。北監不如南監古雅，唯三國志一種精校，勝南監。乾隆四年武英殿刊板依北監二十一史式，而益以新修明史及舊唐書，曰二十三史。史漢等前數部校對差善，六朝及宋、遼、金等即與北監無異。乾隆四十九年刊舊五代史合入之，又曰廿四史。其中宋、遼、金、元四史，以在乾隆四十年前印未改譯人名者爲不易得。道光四年新修殿板，校補漫闕，多爲淺學誤改，人不甚重，仍以乾隆四年本爲佳。殿板史、漢初印者尤難得，以史記五帝本紀末一頁不漫漶者爲最早精印之本。乾隆殿板初印，其上端大綫皆齊畫若一。咸豐中廣州陳氏翻刊官本二十四史，聞其史、漢等二三部經校者意改字甚多，故遲遲未印行。今頗行矣，人亦不重之。汲古閣十七史并明崇禎時刊成，經亂未能合印，頗有損失。至本朝順治庚子修補完，乃通行，即以此時印者爲初印。其明時初印僅有一二單部，不能全覯也。其史記集解後附司馬貞索隱三十卷，五代史記後附五代史補、五代史闕文二種。毛氏十七史多據宋元舊板，勝其十三經注疏之僅傳監板者多矣。汲古閣十七史外，尚刊有宋史，與十七史式同，聞吳中藏書家二三處有之。同治丁卯，郘亭于滬肆中見其殘卷始信。十七史初印本邵位西言呂鶴田有之，郘亭又見陳息凡有一部。郘亭丙寅秋在滬收一部桃花紙印者，絶寬大，蓋康熙中印，亦精好醒目。惜其中三國志、晉書、唐書乃以書業堂翻本單宣城紙印插入。翻刻汲古十七史有書業堂及掃葉山房二本，以書業趙氏本爲勝，并嘉、道來蘇城書肆。

史記一百三十卷

漢司馬遷撰。正文無注者明葛氏刊本。近日馮應榴刊本。坊刊本。陳明卿本最善，陳卧子本次之。鍾伯敬本不載十表，最下矣。又有鍾人傑本、黄嘉惠本〔二〕。天禄琳琅目有宋板史記，目録後刻校書官張來職名，因文潛所校定，以爲北宋元祐間本。又一部，紹興三年官刊本。又三部，俱嘉靖六年萬卷樓刊本。以上俱有正義。又一部，即元中統二年段刊索隱本。又二部。昭文張氏有宋乾道刊集解索隱足本。又有九行大字北宋刊殘本十四卷。梅伯言嘗見有汪文盛刊本史記注。何子貞有明武進吴中珩刊本。明李元陽、高士魁校本，名史記題評。程容伯有安成郡彭寅翁崇道精舍刊本。史記集解索隱宋乾道蔡夢弼刊本，目録后有「三峰樵隱蔡夢弼傅卿校正」一行，三皇本紀後有「建溪蔡夢弼傅卿親校刊梓於東塾時歲乾道七年春王正一日書」兩行，五帝紀后有「建溪三峰蔡夢弼傅卿親校謹刊梓於望道亭」兩行〔二〕，頁二十四行，行二十二字，注二十八字，字畫精朗，蓋錢求赤藏，後歸李滄葦者。北宋殘本集解，禎字不缺，蓋仁宗以前刊。頁二十八行，行二十七字，注三十一字至三十五不等。宋蜀大字史記殘本，慎字不缺，是孝宗前刊。頁十八行，行十六字，注二十字。元本史記集解索隱。又元本史記集解索隱正義殘本，十二諸侯年表後有木印，云「安成郡彭寅翁鼎新刊行」，不著年月，驗板式蓋元刊也。上五種昭文張氏愛日精廬藏。錢氏百衲本，内有抄補十餘卷，所集宋板只四種。一種小字十二行，一種大字十行，一種中字十二行，一種小字十三行。其十行、十三行本單集解，十二行兼有索隱，王鳴盛十七史商榷中痛訾之。劉燕庭所藏百衲本，云有八本。錢警石云，劉燕庭百衲本一本，但集解，半頁十四行，行二十四字或二十五六七不等，注每行三十二字，慎字缺筆，是南宋本。殷周本紀炮烙皆作炮格。一本亦止集解，半頁十行，行正文十九字，注二十五六字，桓字不避嫌名，當是北宋刻。一本兼集解索隱，無述贊〔三〕。半頁十二行，行二十四五字，注文同。恒、慎避闕，當是南宋本。一本亦兼集解索隱，半頁十二行，行大二十二字，小二十八字，年表、月表卷尾有「建安蔡夢弼傅卿謹案京蜀諸本校理置梓於東塾」二十字二行，與張金吾藏書志所記合，避缺至慎字。凡四本。劉方伯藏尚有三家注合刊本，與柯本行款同，卷末有校對宣德郎秘書省正字張來隸書木記，與天禄琳琅所記同。吴荷屋藏單集解宋本，缺者以兼索隱宋本補之，見王氏讀書雜志，且云二本各存其半。

史記集解一百三十卷

宋裴駰撰。汲古閣刊單集解，據北宋本，正文與各本多異。黄丕烈有蜀大字本。郁泰峰亦有蜀大字殘本，爲姚氏畹真芙初女史舊藏〔四〕，初印絶精，半頁九行，行十六字，注行二十一、二十二字不等。

史記索隱三十卷

唐司馬貞撰。汲古閣刊單行本。顧抱冲有淳熙辛丑澄江耿秉刊本。黄蕘圃有宋乾道三年蔡夢弼刊本。元中統本，半頁十四行，行二十五字，注雙行字同。郘亭有明初游明校正重刊元中統二年平陽道段氏本，又有明正德刊本，皆有集解、索隱而無正義，俱百三十卷。韓筱亭有不全十二行、十四行本。錢遵王百衲本一歸那竹汀之孫桂某，一歸劉燕庭。柯維熊校金臺汪諒本，前序云陝西翻宋板無正義，白鹿洞本有正義〔五〕，即柯所出。

史記正義一百三十卷

唐張守節撰。南監有四本：嘉靖張邦奇本，萬曆二年余有丁大字、小字二本〔六〕，萬曆二十四年馮夢禎本。北監本。此五本注皆不全。明嘉靖四年震澤王延喆本刊本。是年金臺汪諒先刊柯維熊校本。十三年秦藩刊本。俱翻宋板，每半頁十行，行大字十八，小字二十三。柯本索隱序後有紹興三年四月十二日右修職郎充提舉茶監司幹辨公事石公憲發刊，至四年十月二十日畢工三行，知三本并從紹興本出也。每卷尾總計史若干字，注若干字，爲二行，亦有不俱者，三本悉同。王板所據本周本紀脱第二十七頁，柯板秦本紀脱第三十一頁，各以意補綴，注各有不全，然可以互補。秦藩本則兩頁并全，所據爲勝〔七〕。凌稚隆評林本，從柯本出，尚無大删節。又有翻本。乾隆四年殿本，各注皆全。又古香齋巾箱本，與殿板同。凡例言以宋本與汪本詳對，汪本即柯本也。崇文總目有單行正義三十卷，今佚。

讀史記十表十卷

國朝汪越撰。有原刊本。

太史史例一百卷

明張象之撰。刊本。

史詮五卷

明程一枝撰。刊本。

史記疑問一卷

國朝邵泰衢撰。有刊本三卷。

史記志疑三十六卷

國朝梁玉繩撰。梁氏刊本。玉繩又有漢書人表考九卷，在清白士集中。

漢書一百二十卷

漢班固撰，其妹昭續成之，唐顔師古注。南監嘉靖九年張邦奇、江汝璧校刊〔八〕。北監本。殿本。汲古閣本無三劉説，與明汪文盛刊本并善。歐陽鐸本。田汝成重刊歐陽本。明德藩最樂軒本。嘉靖己酉福建按察周采、提學副使周琉、柯喬等同校刊本，即修汪本耳。白鷺洲書院大字本，始刊于南宋，畢工于元至正間，半頁八行，行大字十六，小字二十一，較景祐本尤爽目。内府有宋景德刊本。昭文張氏有宋元板二部。宋湖北提舉鹽茶司小字本，每半頁十四行，行廿七至廿九字不等，注行三十三至三十五字不等，避諱至慎字，蓋孝宗時刊本。黄丕烈有宋景祐二年刊本，云以校汪、毛二本多異。宋刊元修本，每頁二十行，行十九字，注二十五字至二十八字不等，板心注補刊年號。吴騫有不全宋本列傳十四卷，每頁十六行，行十六字。元太平路新刊漢書，有太平路儒學教授孔文聲跋，云用板二千七百七十五，始大德乙巳仲夏，終十有二月二十四日。上二種張金吾書目記。北宋官刊漢書始于淳化，後有景德元年刻本，景祐二年刻本，熙寧二年刻本，宋景文所據以校者即景祐本也。其原刻至今猶有傳者，但景文校漢書無意改之字，如有所疑，即云某當作某，豈料後人屢經傳刻，竟據以改字，是景文之罪人也。此本猶刊于北宋，而改字已多，惜哉！不然何有熙寧以後刊本反與景文意合耶？卷中避敬、殷、恒等字外[九]，尚有貞字，係仁宗嫌名，屬字係真宗嫌名，煦字係哲宗諱，此後植慎等字不復避，其爲哲、徽間刊本可知。宣和六年國子監校刻漢書，疑即此本，然無迹可求。宋刻漢書以此爲中乘，尚有紹興六年刊本，當自鄶以下矣。此鉄樵朱筆記語，其前有一行，云蘇城汪氏有宋景祐刊本一百卷，另卷有宋本一百卷，補溝洫、藝文志，未審其記者即汪氏本否？宋犖有百衲本，歸李滄葦，近入桐鄉汪氏，轉歸楊至堂。袁漱六有宋慶元劉之問刊本，即殿本所從出。

班馬異同三十五卷

宋倪思撰。嘉靖十六年李元陽、汪佃校刊本，楊士奇跋，稱此書本名史漢異同，不題撰人姓名，據文獻通考題作倪思，李刻因改此名。吴槎客拜經樓有不全宋本。喬鶴儕有元大德太平路刊本。又韓敬求仲序刊本。

後漢書一百二十卷

本紀十卷，列傳八十卷，宋范曄撰，唐章懷太子注。志三十卷，晉司馬彪續漢書文，梁劉昭注之〔一〇〕。南北監本。毛本。殿本。汪文盛本。嘉靖丁酉廣東崇正書院本。明吴勉學刊本。明周采、周珫、柯喬等修汪文盛本，而刓去舊刻之名，卷首題以采等刊。漢書亦然，極可恨。張金吾愛日精廬藏書志北宋刊後漢書注，紙瑩字朗，紙背有「濟道」二字朱印，桓、構俱不缺筆，板心有注大德九年、元統二年補刊者，蓋北宋刊元修補本。每頁二十行，行十九字，注二十五字，末有「右奉淳化五年七月二十五日敕重校定刊正」一條，後列孫何、趙安仁銜名二行，下缺景祐元年秘書丞余靖上言。宋刊元修後漢書，款式與前漢書同，蓋同時刊板同時修補之本。宋嘉定刊後漢書，每頁十六行，行十六字，注二十一字。百宋一廛賦注云，嘉定戊辰蔡琪純父所刊也。宋刊後漢書，每頁二十行，行十八、十九字不等，注二十四字，劉元起刊本。百宋一廛著録。元大德刊後漢書，景祐校正狀後有「大德九年十一月望日寧國路儒學教授任内刊」，此張氏五本也。蘇城汪氏有宋刊殘本，存百六卷。又有宋景祐刊本。牌漕司院本。

補後漢書年表十卷[二]

宋熊方撰。刊本。愛日精廬有舊抄本，題「經進集補後漢書年表」，有熊方自序、進表進狀。

四庫著録系開萬樓抄本。知不足齋本。

後漢書補表八卷

國朝錢大昭撰。嘉慶三年秦氏汗筠齋刊。

新授正漢地理志十六卷

國朝錢坫撰。刊本。

漢書地理志補注一百三卷[一二]

國朝吴卓信撰。安徽潘氏刊本。

漢書疏證三十六卷[一三]

缺三十、三十一、三十二地理志三卷。

後漢書疏證十二册

國朝沈欽韓撰。稿本。

後漢書補注二十四卷

國朝惠棟撰。嘉慶九年裕德堂刊。

兩漢刊誤補遺十卷

宋吴仁傑撰。聚珍板本。閩覆本。知不足齋本。宋淳熙乙酉刊本。慶元己未刊本。兩淮馬裕家藏本，乃朱昆田抄自山東李開先家。

三國志六十五卷

晉陳壽撰，宋裴松之注。南北監本。汲古閣本。殿本。南監本注作大字，低一格。又陳仁錫刊本，有評點。路小洲有宋刊蜀志，紙背乾道等年公牘尾。蘇城汪氏有宋本，精抄補五卷。黄蕘圃有宋刊單行吴志二十卷，今歸郁泰峰。天一閣有元大德丙午朱天錫刊本。元刻本，半頁十行，行十九字，注廿二三字不等。明嘉靖蔡寅等刊本。述古堂目有單行裴注本。愛日精廬北宋刊三國志殘本，每頁二十六行，行二十五字。又元大德本三國志，末有大德丙午日南志前進士朱天錫跋，謂江左憲臺命諸路學校分派十七史鐫梓，池庠所刻者三國志。池郡士多貧窶，是舉幾中輟，總管王公表倡之竣事。

三國志辨誤三卷

不著撰人。聚珍本。閩覆本。墨海本。守山本。

三國志補注六卷附諸史然疑一卷

國朝杭世駿撰。杭氏刊本。知不足齋止刊然疑。

補三國疆域志二卷

國朝洪亮吉撰。乾隆辛丑孫星衍刊本。

晉書一百三十卷

唐房喬等撰。南北監本。汲古閣本。殿本。南監并宋書九行寬本。汲古無何超音義三卷。明有蔣之翹更定本。鍾人傑刊本。明仿宋本。萬曆吴琯仲虚西爽堂刊本，音義散附各卷末。宋大字本，半頁九行，行十六字〔一四〕。許子雙家有宋刊本。桂林唐子實有宋寶祐刊本，九行，每行十四字。元有十行刊本。明有翻宋九行大字刊本。宋本每半頁十四行，行二十五字，明王莽州舊藏，後歸商丘宋犖，今歸錢塘丁丙。張金吾有晉書音義，元刊本，楊齊宣序，何超自序。

補東晉疆域志四卷

國朝洪亮吉撰。嘉慶丙辰洪氏刊本。

宋書一百卷

梁沈約撰。南北監本。汲古閣本。殿本。季滄葦書目：史記至北宋俱有宋元板本，且不止一部。按：宋書以下各家書目不言有宋本，即元刻本亦少，恐季目不可盡信。

南齊書五十九卷

梁蕭子顯撰。南北監本。汲古閣本。殿本。南監大字本乃元刊，頁十八行。

梁書五十六卷

唐姚思廉撰。南北監本。汲古閣本。殿本。南監又有余有丁等校刊本。汪閬源藏宋本，鮑以文定爲北宋刊，不避南宋帝諱。每册有禮部官印，舊藏張氏石鼓亭，面頁有元時閲借官書云云五行木印，隸書。板式極寬大，半頁九行，行十八字。

陳書三十六卷

唐姚思廉撰。南北監本。汲古閣本。殿本。

魏書一百十四卷

北齊魏收撰。南北監本。汲古閣本。殿本。元刊本，紙板闊。

北齊書五十卷

唐李百藥撰。南北監本。汲古閣本。殿本。南監大字本乃元刊，每頁十八行，行十八字。嘉靖八、九年間修補。天一閣有萬曆十年刊本。

周書五十卷

唐令狐德棻等撰。南北監本。汲古閣本。殿本。

隋書八十五卷

唐魏徵等撰。南北監本。汲古閣本。殿本。内府有南宋嘉定間刊本。天一閣有景泰元年夏日永刊本。昭文張氏元刊本，天聖二年五月十一日賫禁中隋書一部，付崇文院，至六月五日敕差官校刊，仍内出板式刊造。

南史八十卷

唐李延壽撰。南北監本。汲古閣本。殿本。張溥刊本。昭文張氏元刊本，每册首有南沙龔氏浪泊草堂印記，每卷末俱有題識。天一閣、平津館俱有元刊本。

北史一百卷

唐李延壽撰。南北監本。汲古閣。殿本。

舊唐書二百卷

晉劉昫等撰。明嘉靖十七年聞人詮校刊本。殿本。依殿板擺印本。道光二十年揚州岑氏懼盈齋依聞本校刊，附校勘記六十六卷，逸文十二卷。蘇城汪氏有殘宋本六十八卷，半頁十四行，行二十五字。愛日精廬志云舊唐殘宋本，每卷末俱有左奉議郎充紹興府府學教授朱倬校正一行，僅存百四十卷，下至百四十四上五卷。歙縣程哲校刊，半頁十三行，行二十五字，甚精。曾見校樣，似未卒工。

新唐書二百五十五卷

宋歐陽修、宋祁同撰。南北監本。汲古閣本。殿本。汲古本無董衝釋音。內府有宋嘉祐刊本。天一閣有元大德刊本。昭文張氏有元刊本。季目宋本元本共三部。宋嘉祐杭州本，每頁二十行，行十九字。歐陽氏有單刊紀表志本。歐宋唐書北宋本，每半頁十四行，行二十五字，修換者半，汪士鐘藏，今在蘇肆。又一本，每半頁十六行，行二十九字，亦汪士鐘藏，今歸錢塘丁丙。其爲宋爲元未能確審。又一本，每半頁十行，行二十二字。其板較宋嘉祐本四面大一指，其卷端題名但云歐陽修奉敕撰，當元、明初間刻，不似嘉祐本全具官銜二行，云臣敕撰之備〔一五〕。惟董衝釋音今官本失其序，此本有之。丁卯秋見之滬肆。

新唐書糾謬二十卷

宋吳縝撰。知不足齋本。紹興長樂吳元美刊于湖州。海虞趙開美校刊本。

舊五代史一百五十卷目録二卷

宋薛居正等撰。聚珍板本。殿本。掃葉山房刊本。彭文勤公云：四庫全書本逐條注明大典卷數，知其存缺章句，不没其實。後武英殿鐫本盡删之，曾屢争之，總裁不見聽，而薛氏真面目不可識矣。在廠肆見一抄本，有讀易樓印，逐條注明採取書名卷數，如彭氏之説。

新五代史七十五卷

宋歐陽修撰。南北監本。汲古閣本。殿本。明汪文盛刊本。南監又有余有丁刊本。昭文張氏有元宗文書院刊本。季目有北宋本，又元本。乾隆丙辰歐陽氏刊本。宋志此書作七十四卷。元刊本七十四卷，半頁十行，行十八字，注行二十一字，前有陳師錫序〔一六〕。

五代史記注七十四卷

國朝彭元瑞纂輯，劉鳳誥編。道光八年刊本。

五代史記纂誤三卷

宋吴縝撰。聚珍本。閩覆本。知不足齋本附吴蘭庭補四卷。

五代史記纂誤補四卷

國朝歸安吴蘭庭胥石撰。乾隆四十八年刊〔一七〕。

宋史四百九十六卷

元托克托等撰。南北監本。殿本。南監本，成化中兩廣巡撫朱英刊于廣州，後取其板置監。汲古閣有刊本，印行絶少，與其十七史式同。宋史以至正五年十月表進，即于六年□月咨浙江行省差史官翰林應奉张翥驰驛賫净稿前去，選匠依式鏤板。其本每頁二十行，行二十字，中行上右旁書通卷，中截大書紀表志傳等分卷，見于滬肆。

遼史一百十六卷

元托克托等撰。南北監本。殿本。南監嘉靖七年所刊，惟史記、兩漢書、遼、金二史五部。昭文張氏有明初抄本、項墨林藏書。郘亭有元本遼史，是泰和周春浦所贈，在遵義家中。黎純齋歸，屬其往尋以來，則亡矣，憶其式一如前記宋史。

遼史拾遺二十四卷

國朝厲鶚撰。汪氏刊本附拾遺補五卷。

金史一百三十五卷

元托克托等撰。南北監本。殿本。昭文張氏有元刊本，有江浙等處行中書省委官鐫梓印造咨文至正五年。

金源札記三卷

國朝施國祁撰。刊本。

元史類編四十二卷

國朝邵遠平撰。一名續宏簡録，以續乃翁書。有刊本。又掃葉山房刊此書。四庫存目入別史。

元史二百十卷

明宋濂等撰。南北監本。殿本三本〔一八〕。南監即洪武時刊本，後補換幾盡。昭文張氏有初印本。

欽定遼金元三史國語解四十六卷

乾隆五十年奉敕撰。内府刊本。

明史三百三十六卷

國朝保和殿大學士張廷玉等奉敕撰。殿本。外翻本不佳。

補元史藝文志四卷世族表三卷

國朝錢大昕撰。潛研堂叢書本。

元史本證五十卷

國朝汪輝祖撰。嘉慶壬戌汪氏刊本。

明史稿三百十卷卷首五卷

國朝王鴻緒撰。橫雲山人集本。

廿二史考異一百卷三史拾遺五卷諸史拾遺五卷

國朝錢大昕撰。潛研堂本。

十七史商榷一百卷

國朝王鳴盛撰。乾隆丁未刊本。

廿二史札記三十六卷

國朝趙翼撰。嘉慶五年刊本。

右正史類

史部二　編年類

竹書紀年二卷

漢魏叢書本。古今逸史本。天一閣刊本。五經翼本。史拾遺聞本。孫晴川考定本。洪稚存校本。平津館叢書本。陳詩集注本。陳逢衡集證五十卷。雷學淇考訂本。林春浦補證本。

竹書統箋十二卷

國朝徐文靖撰。乾隆十五年崔氏刊本。位山六種本。孫晴川刊本十二卷〔一九〕。

漢紀三十卷

漢荀悦撰。明吕柟校正，翟清刊本。嘉靖戊申黄姬水刊本。萬曆二十六年刊本。康熙中蔣國祥刊本，後附兩漢紀字句異同考。天禄後目有前後漢紀各三十卷，宋紹興十二年刊本。

後漢紀三十卷

晉袁宏撰。明南監刊本。吕柟校正，翟清刊本。嘉靖戊申黄姬水刊本。康熙中蔣國祥刊本。康熙丙子成德刊[二〇]。

元經十卷

隋王通撰，唐薛收續并傳，宋阮逸注。漢魏叢書本。明刊單行本，善，每頁二十四行，行二十三字。

通紀七卷續五卷

唐馬總撰。此書起太古，訖隋季，歷代事粗陳其槩，展卷瞭然。後孫光憲後輯全唐五代事以續之，各十卷。今馬氏書缺三卷，孫氏書闕五卷。阮氏曾以進呈。

通歷十五卷

唐馬總撰。昭文張氏藏明人鈔本。總撰通歷十卷，孫光憲續十卷，宋時合爲一書。此本缺首三卷，其卷四至末與直齋解題悉合。後有鈕樹玉跋。按：此當與前通紀同一書，而多五卷。

大唐創業起居注三卷

唐温大雅撰。秘册彙函本。津逮秘書本。唐宋叢書本。學津討原本。

資治通鑑二百九十四卷

宋司馬光撰，元胡三省音注。各家書目俱有元刊本。嘉慶二十一年鄱陽胡克家翻刊元板，盛行于世。此書元板明印者流傳尚多，因洪武初取其板藏南監，至成化後傳印不絶。胡氏即從北板翻刊，摹勒特精，世愈重其印本。然吴中珩、陳仁錫本初之印者未嘗不佳，胡特精刻耳。亦不遂無訛字也。同治戊辰，江蘇開書局，友芝董其役，議以鄱陽胡氏善印本重刊。授工之始，則自最末一帙層累而上，既就若干卷，聞鄱陽板猶在，冬十月購至，實存前二百有七卷，而局刻適完所闕卷暨釋文辨誤，混然相接湊，異矣。此板合而印行。道光中湖南翻刻果泉本甚惡，訛誤滿紙。明陳仁錫刊本，附目録三十卷及劉恕外紀等，世謂之七編通鑑。吴勉學刊本。路進刊本。天禄後目有北宋刊本，無注。蜀板大字本。一無注本半頁十一行，行二十一字，每頁邊綫左有某王某帝字，似元復宋本。嘉靖甲辰杭州刊本，無注，末附考異十卷。崇禎丁丑宜興刊本。蘇城汪氏有趙子昂藏宋本，精抄補二十五卷。提要于通鑑後次辨誤，次舉正，次通釋，次考異，次目録，次釋例，與簡目兩本并小異。

資治通鑑考異三十卷

宋司馬光撰。明刊本有二，考異附入通鑑者不全。劉茮雲有京口刊本。嘉靖甲辰刊本，足。蘇城汪氏有宋刊。

通鑑釋例一卷

宋司馬光撰。明陳仁錫刊，附大目録之首。昭文張氏有舊抄原本。

資治通鑑目録三十卷

宋司馬光撰。世謂之大目録，陳仁錫刊本有之，他本皆無。道光間揚州刊本。趙府居敬堂刊本。蘇城汪氏有宋本。郁泰峰家有宋本，郘亭借觀過，葢元翻也。然勝陳本處多。同治八年蘇局仿刊。

通鑑詳節一百卷

宋吕祖謙撰。崑山徐氏書目有二部，一大板，一小板。季滄葦目亦有宋刊本。

陸狀元集百家注資治通鑑詳節二百二十八卷

宋陸唐老編。汲古閣有刊本。四庫入存目中有舉要歷，陸清獻日記云，未知即温公原本否？昭文張氏目有此書宋刊一百二十卷，謂集注姓氏後有「蔡氏家塾校正」六字，以百宋一廛内簡尺牘目後所題相同例之，葢寧宗時蔡建侯刊也。首有神宗御序，温公親節資治通鑑序，劉外紀序，温公外紀序，釋文序。

通鑑地理通釋十四卷

宋王應麟撰。元刊附玉海後本。明及今刊附玉海本。津逮本。學津本。

資治通鑑釋文辨誤十二卷

元胡三省撰。明吴、陳兩刊皆附通鑑後。胡克家本。昭文張氏有元刊本。黄丕烈有宋本。史炤釋文三十卷，半頁十二行，行大小三十字，路小洲亦有之。史炤通鑑通釋文三卷，昭文張氏有王西莊家舊抄本，半頁十二行，行三十一、二字不等，有紹興三年馮時行跋。

通鑑胡注舉正一卷

國朝陳景雲撰。文道十書本。錢大昕亦有通鑑注辯正二卷，乾隆壬子刊。

稽古録二十卷

宋司馬光撰。明弘治辛酉楊璋刊本。崇禎中長洲陳氏刊本。天一閣刊本。學津討原本。天禄後目有宋刊本。

通鑑外紀十卷目録五卷

宋劉恕撰。明陳仁錫本。嘉慶辛未璜川吴氏刊本。山淵堂本。宋本。又宋板通鑑外紀詳節，精美。

歷代年紀十卷

宋晁公邁撰。昭文張氏有宋紹熙年間刊本。

皇王大紀八十卷

宋胡宏撰。明萬曆辛亥陳邦瞻刊本。

編年通載十五卷

宋張權撰。或作張衡。陽湖孫氏有宋刊本。阮氏有宋本，卷一至卷四，僅四卷，曾以進呈。

皇宋十朝綱要二十五卷

宋眉山李埴編。始太祖至高宗。四庫未收。郘亭同治丙寅秋獲舊抄本于滬肆。

中興兩朝聖政六十四卷

未詳撰人。起建炎元年，訖淳熙十五年。書内標題謂之增入名儒講義皇宋中興兩朝聖政，其編年紀事一仿通鑑爲之。阮氏曾進呈，依宋刊影抄，闕卷之三十至四十五。

續資治通鑑長編五百二十卷

宋李燾撰。昭文張氏活字擺本。天禄後目有宋刊本一百八卷，燾二次所進太祖至英宗五朝事迹也。本藏季滄葦氏，徐乾學取得疏進之。蘇城汪氏有宋本。

資治通鑑綱目五十九卷

宋朱子撰。有乾道壬辰四月刊本，絜紙初印，每半頁八行〔三二〕，行十七字，雙行注同，首尾完具，無儳配。季振宜舊藏，後歸郁松年，今歸豐順丁日昌禹生〔三三〕。元翻宋本通鑑綱目，每半頁十行，行大十六字，小二十四字，遇宋諱或省或不省，字體書式極似明人王、柯史記，而字較流美。是書自明人刊本以七家注羼入，甚爲礙目，惟宋元舊本無之，故可貴。此闾門肆出，惜缺後半。明弘治戊午黄仲昭校刊本，取宋尹起莘發明、劉友益書法、元汪克寬考異、王幼學集覽、徐文昭考證、明陳濟正誤、馮智舒（一作劉宏毅）質實，凡七家之書，散入條下，是爲今本。後傳刻非一，唯成化内府刊大字本無諸家注，後附集覽、發明二種單行本。校爲清豁。嘉靖甲午江西本。正德癸酉福州本。陳仁錫本。康熙己巳徽州刊本。

宋尹起莘綱目發明單行本

崇禎壬午包氏刊，作五十九卷。宋劉友益書法五十九卷，元徐昭文考證一卷，元王幼學集覽五十九卷，瞿宗祐集覽鐫誤三卷，一本附綱目考異辨，疑明永樂中刊本。元王克寬考異五十九卷，明陳濟集覽正誤二卷。

綱目釋地糾謬六卷補注六卷

國朝張庚撰。四庫存目。

讀通鑑綱目條記二十卷

國朝李述來撰。取御批本、元本及明諸本會校之，凡原本疏舛、刊本訛謬逐條札記。

中興兩朝編年一十八卷

不著撰人名氏。起建炎元年，訖淳熙十七年。昭文張氏有宋刊本。

綱目分注補遺四卷

國朝芮長恤撰。刊本。

綱目訂誤四卷

國朝陳景雲撰。文道十書本。

大事記十二卷通釋三卷解題十二卷

宋呂祖謙撰。胡氏刊本。明王禕有續編七十七卷，成化中刊。呂氏書有宋嘉定壬申刊本。

明初刊黑口本。吕柟刊本。新活字本。

建炎以來繫年要録二百卷

宋李心傳撰。宋寶祐初揚州刊本。

建炎筆録三卷

宋趙鼎撰。鼎字元鎮，聞喜人，崇寧五年登進士第，官至右僕射，同中書門下平章事，安置潮州，事詳史傳。是編藏書家目未見，從舊抄過録。所記自高宗建炎三年正月車駕在維揚起，訖于紹興七年十二月十二朝辭上殿，本末粲然。蓋鼎耳目所親，見聞自確，宋南渡雜史中最有典據者〔一三〕。阮氏以進呈。

宋九朝編年備要三十卷

宋陳均撰。昭文張氏影寫宋刊本，作皇朝編年備要二十五卷、補刊編年備要五卷。黄丕烈有宋精刊本。宋本初印少徽、欽兩朝，影宋精抄全，今在胡心耘家。昭文張氏云：皇朝編年備要與中興兩朝編年綱目及兩朝綱目備要款式相同。蓋宋時三書合刻。

續宋編年資治通鑑十五卷

宋劉時舉撰。昭文張氏有元刊本。學津討原本。元刊本，池北書庫藏書，目録後有「陳氏餘慶堂刊」六字。

西漢年紀三十卷

宋王益之撰。掃葉山房席氏刊本。

靖康要録十六卷

不著撰人。彭文勤公云：此書採入三朝北盟會編十之六七，可用以校補。

兩朝綱目備要十六卷

不著撰人。昭文張氏有影寫宋刊本，作續編兩朝綱目備要十六卷，紀光寧兩朝之事，以續中興兩朝編年綱目。

宋季三朝政要六卷

不著撰人。有元刊本。學津討原本。守山閣本。

宋史全文三十六卷

不著撰人。路小洲有元刊本，題云續通鑑長編。昭文張氏有元刊本，附宋季朝事實二卷，紀度宗、少宗，益、廣二王事迹。此書又名宋鑑，許周生集有跋。元有豐城游氏刊本。又有元刊本，題諸儒集議續資治通鑑。游明刊本，題宋史全文續資治通鑑，板心題曰宋鑑，半頁十六行，行二十六字，其附入講議低一格，半頁二十四行，行二十五字。昭文張氏宋史全文元本，卷首題豐城游明大昇校正，蓋刊書者姓名也。史記亦有游明刊本集解索隱，或以爲明初人。

宋元資治通鑑一百五十七卷

明薛應旂撰。陳仁錫七編本。應旂又有甲子會紀五卷，亦刊陳七編中。四庫并入存目。

宋元資治通鑑六十四卷

明王宗沐撰。吴勉學、路進刊本。

續資治通鑑綱目二十七卷

明商輅等奉敕撰。成化時官刊本。四庫存目。

通鑑前編十八卷舉要三卷

宋金履祥撰。含經堂刊本。仁山全書本。吴勉學本。路進刊本。劉宏毅音釋本。原刻本善題綱目前編者，爲後人所亂，入舉要于十八卷之中，非金氏原次矣。

通鑑續編二十四卷

明陳桱撰。明刊本。平津館藏書記有元至正二十一年刊本。孫星衍云桱雖入明，而書成于元時，故題元人。邵亭亦有元至正刊本，字畫絶工。銕樵云：此書有節要三十卷。嘉靖壬戌新賢書堂刊。

大事記續編七十七卷

明王禕撰。明成化中刊。正統刊本七十三卷。千頃堂書目有遼實録七十卷。金朝實録九部，太祖、太宗、睿宗、海陵、世宗、章宗、衞王、宣宗。元實録三部，世祖、成宗、武宗。明實録十四部，太祖至熹宗十三朝，并獻皇帝。明實録上海郁氏有寫本。

元史續編十六卷

明胡粹中撰。天一閣書目有刊本。掃葉山房刊本〔二四〕。

御批通鑑輯覽一百十六卷附明唐桂二王本末三卷

乾隆三十三年奉敕撰。内府刊本。江南織造覆本。乾隆末内府大字朱墨套板本。

御定通鑑綱目三編四十卷

乾隆四十年奉敕撰。内府刊本。是書先撰者二十卷，有内刊本及古香齋巾箱本。外間傳刻數本皆二十卷本，其四十卷本未見傳刊。

皇清開國方略三十二卷

乾隆三十八年奉敕撰。提要次御批通鑑前，附提要簡目本亦然[二五]。内刊本。

資治通鑑後編一百八十四卷

國朝徐乾學撰。四庫著録，即徐氏稿中本缺第十一卷。此書未刊行，及畢氏書出而遂廢[二六]。

續資治通鑑二百二十卷

國朝畢沅撰。嘉慶二年刊，板在嘉興馮氏，上海道應寶時敏齋買存龍門書院，補刊損闕數十板，同治丁卯秋已印行江浙。

歷代帝王年表十四卷

國朝齊召南撰。附帝王廟謚年號譜一卷，陸費墀撰。年表内明一代阮福補。道光四年阮氏刊。

歷代三元甲子編年三卷

内府刊本，又名萬年書，欽天監官撰。起黄帝六十一年，迄同治。一百六十年。萬年書起天命九年甲子，至同治，一百六十年。

右編年類

史部三　紀事本末類

通鑑紀事本末四十二卷

宋袁樞撰。通行本。張溥校定本。通行本合明沈朝陽前編及陳邦瞻、谷應泰之書爲一。天禄後目有宋刊本二部，宋刊元印本一部。宋刊有嚴陵小字本，明岳州本當從此出。岳州本湖廣巡撫豐城李栻校刊，十二行，行二十八字。内府及陽湖孫氏并有宋寶祐丁巳趙汝籌重刊大字本，每頁二十二行，行十九字。是板明初尚在南監，故印本至今不少。

春秋左氏傳事類始末五卷

宋章沖撰。通志堂經解本。宋淳熙乙巳刊本。

三朝北盟會編二百五十卷

宋徐夢莘編。四庫著録係抄本。開萬樓有刊本。

皇宋通鑑長編紀事本末一百五十卷〔二七〕

宋楊仲良撰。阮氏有舊抄本，中缺數卷。昭文張氏亦有此書。傳是樓、千頃堂二家目題歐陽守道撰，蓋以守道有序而誤。四庫未收。阮氏曾以進呈。其知爲仲良者，陳鈞九朝編年引用書目有之。在宋寶祐元年刊于廬陵郡齋，五年貢士徐琥重校刊，見守道序〔二八〕。

蜀鑑十卷

宋郭允蹈撰。明初刊本。嘉靖乙卯刊本。守山閣本。

炎徼紀聞四卷

明田汝成撰。紀録彙編本。澤古齋叢鈔。借月山房。指海本〔二九〕。

宋史紀事本末二十六卷

明陳邦瞻撰。通行本。明史藝文志載馮、陳二書，合三十卷。外又載張溥宋史紀事本末一百九卷，元史紀事本末二十七卷，蓋以一篇爲一卷也。

元史紀事本末四卷

明陳邦瞻撰。通行本。張溥校本。

平定三逆方略六十卷

康熙二十一年奉詔修〔三〇〕。

親征朔漠方略四十卷〔三一〕

康熙三十六年温達奉詔紀。

御定平定準噶爾方略前編五十四卷正編八十五卷續編三十三卷

乾隆三十七年奉敕撰。

欽定平定兩金川方略一百五十二卷

乾隆四十一年奉敕撰。

欽定臨清紀略十六卷

乾隆三十九年奉敕撰。

欽定蘭州紀略二十卷

提要有卷數，乾隆四十六年奉敕撰。

欽定石峰堡紀略二十一卷

乾隆四十九年奉敕撰。記剿滅逆回田五等始末。田五爲官軍所蹙，先已自剄，其黨抵於石峰堡，負隅困守。仰承睿算，合圍而殲之，故以石峰堡名書。

欽定臺灣紀略七十卷

乾隆五十三年奉敕撰。記平定逆寇林爽文、莊大田始末。臺灣雖内地而遠隔重洋，風濤不測，又山深箐密，險阻難攻。賴皇上洞矚幾先，諸臣乃仰承指示，克剪鯨鯢。故記載校詳，卷帙亦視林清紀略諸編較爲繁富。

綏寇紀略十二卷

國朝吴偉業撰。嘉慶四年張氏照曠閣刊十五卷本，即學津討原本也。

滇考二卷

國朝馮甦撰。四庫著録依抄本。雲南備徵志刊本。

明史紀事本末八十卷

國朝谷應泰撰。通行本。蓋再三翻刻，以初刻中行有明史紀事本末者爲善。姚際恒云：明史紀事本末乃海昌士人談遷所作，後論則杭州諸生陸圻作也。又鄭元慶述朱竹垞言，此書德清徐侍郎倬所著，爲諸生時爲谷所識拔，以此報之。明張岱石匱書計二百二十一卷，海昌朱氏藏有抄本，附續後紀六十三卷。石匱書正集二百二十一卷，第百六十五卷全闕，百六十六闕熊桴傳，百八十闕孫丕揚傳，百八十二全闕，百八十五闕曹學佺傳，百八十六闕王佐傳。後集六十三卷、十二卷、二十六卷、二十七卷、三十卷、三十一卷、四十三卷、四十五卷、五十四卷全闕，二十八卷徐懌傳，三十二卷闕杜士全、陳鑣傳，三十四卷闕黄濤、徐爾穀、錢棅、董志寧、屠獻策傳，五十卷闕十人傳，五十五闕末別傳四人，皆原闕，有目無書。此書體例仿照史記，簡明目言谷氏紀事因此書，大約建文之遜國，前人從未直談，總成疑案。張岱于建文紀題曰讓帝本紀，落墨處間用曲筆。谷氏于遜國一篇大約因此。四庫總纂得自耳食，并未見全書也。正集紀十三朝事，後集係思陵以後事。陶庵此書全仿史記，如司馬氏有仲尼弟子列傳，因有陽明弟子列傳之類皆是。序二篇，一篇倪文忠，一篇黄漳浦，後集無序。位西所記[三二]。

三藩紀事本末四卷

國朝楊陸榮撰。四庫存目。有單刊本。又澤古齋叢鈔本。

繹史一百六十卷

國朝馬驌撰。康熙中刊本，其板取入内府。後翻刻者不佳。

左傳紀事本末五十三卷

國朝高士奇撰。高氏刊本。宋句龍傳、明唐順之、孫范皆有春秋左氏分國紀事之書。孫范書二十卷，有刊本。

通鑑紀事本末補後編五十卷

國朝仁和張星曜撰。以袁氏本末未有專紀崇信釋老亂國亡家爲篇者，乃雜引正史所載，附以稗官雜記及諸儒明辨之語，條分類集〔三三〕，以此爲書。星曜字紫臣，成書自序在康熙庚午，尚未刊行。同治丁卯丁禹生收其手稿。

平臺紀略十一卷

國朝藍鼎元撰。王氏刊本。鹿洲全集大小二本。

皇朝武功紀盛

國朝趙翼撰。讀畫齋刊本。單刊大小二本。

聖武紀十四卷

國朝魏源撰。道光二十二年刊，後又有重定刊本。又有小本。

右紀事本末類

史部四　别史類

逸周書十卷

明漢魏叢書本。古今逸史本。鍾評秘書本。三代遺書本。姜仲文刊本。章蘖刊本。卜世昌、何中允刊本。秘書二十一種本。五經翼本。抱經堂刊校本爲善。陳逢衡補注二十四卷。丁宗洛管箋十六卷。朱石曾周書注十卷善。元至正刊本，有至正甲午黄玠刊板序。

東觀漢紀二十四卷

聚珍本。閩覆本。掃葉山房本。

建康實録二十卷

唐許嵩撰。張海鵬重刊宋本。宋本在汪氏。上海郁氏有影宋抄本。昭文張氏有舊抄本，顧澗濱據宋本校，後列嘉祐三年開造校正官張庖民等銜名七行，紹興十八年重雕校勘官韓軫等銜名九行。

隆平集二十卷

宋曾鞏撰。明刊本。澹生堂餘苑本。康熙辛巳彭氏刊本，有圈點，劣。天禄後目有宋刊本，有紹興十二年趙伯衛序。

古史十六卷

宋蘇轍撰。掃葉山房本。天禄後目有宋刊小字本一部，大字本二部。陽湖孫氏有元刊大字本。明初本，每頁二十八行，行二十四字。

通志二百卷

宋鄭樵撰。殿本。明刊大板本。明陳宗夔單刊二十略。于敏中重刊陳本，名通志略，五十一卷。昭文張氏有元至治刊本二百卷，有至治元年五月福州路總管可堂吴繹疏，又二年五月吴繹序。天禄後目本同。

東都事略一百三十卷

宋王偁撰。五峰閣刊本。掃葉山房本。汪鈍翁外稿有東都事略跋三卷。蘇城汪氏有宋眉山程氏刊本，每頁二十四行，行二十四字。許增亦有此宋本大半部。豐順丁禹生收郁氏宜稼堂藏陳仲魚舊藏本，目録後有楷書二行木記，云「眉山程舍人宅刊行，已申上司，不許覆板。」初印，極精好，薄棉紙，三邊甚寬。有薛紹彭、劉涇二印及仲魚圖象印〔三四〕。

路史四十七卷

宋羅泌撰。明豫章刊不全。明萬曆喬可傳本。乾隆元年羅氏刊本最善，近坊刻敦化堂本、西山堂本皆陋。明仁和吴宏基摹宋本刊。

契丹國志十七卷

宋葉隆禮撰。掃葉山房刊本。元刊本，藏昭文張氏。

大金國志四十卷

宋宇文懋昭撰。掃葉山房刊。

古今紀要十九卷

宋黄震撰。至元三年公孫禮之刊本。明刊，附黄氏日抄。仿元刊本。乾隆丁亥新安汪氏覆元本。知不足齋叢書中有逸篇一卷。天禄後目有宋刊本，云首標黄氏日抄，而日抄前部九十五卷中不入此書。元刊本，每頁二十四行，行二十二字。

續後漢書四十七卷

宋蕭常撰。墨海金壺本。道光辛丑上海郁氏宜稼堂刊本，附札記六卷。明謝陛季漢書六十卷，有刊本。四庫存目。明吴尚儉續後漢書六十卷，吴興周氏有舊寫定本，未刊。國朝張陶季漢書九十卷，道光己丑刊，附張廉辨異一卷。

續後漢書九十卷

元郝經撰，荀宗道注。道光辛丑宜稼堂刊本，附札記四卷。

元秘史十五卷

張氏愛日精廬有抄本，云不著撰人名氏。文淵閣書目著録。文詞鄙俚，未經繹潤，故傳本絶稀。然元史序次太祖、太宗兩朝事迹顛倒複沓，此書論次頗詳，且得其實，可以羽翼正史。四庫未收。儀徵阮氏亦有抄本，謂其紀年以鼠兒、兔兒、羊兒等，不以支干，而如所載元初世系史所述始自孛端兒之前尚有十一世。曾以進呈。

更定晉書一百三十卷

明蔣之翹撰。有刊本。四庫入存目。

南宋書六十八卷

明錢士升撰。掃葉山房刊本。四庫存目。

春秋別典十五卷

明薛虞畿撰。嶺南遺書本。墨海金壺本。守山閣本。

欽定歷代紀事年表一百卷

康熙五十一年内閣學士王之樞奉敕撰。内府刊本。

欽定續通志六百四十七卷

乾隆三十二年奉敕撰。殿本。

明書一百七十二卷

國朝傅維麟撰。有刊本。

歷代史表五十三卷

國朝萬斯同撰。留香閣刊本，五十九卷。

東華録三十二卷

國朝蔣良驥撰。道光年間刊本。群玉山房活字本〔三五〕。

晉略六十卷

國朝周濟撰。道光十九年刊本。何子貞有乾隆間郭倫所撰晉紀六十八卷，與此書大旨相同。

後漢書補逸二十一卷

國朝姚之駰編。康熙癸巳姚氏刊。

季漢書十卷

國朝湯成烈撰。意同蕭、郝續漢書而加詳核，用力尤在表志，乃其道、咸間令浙時撰，七易稿而成。亂後亡去，尚有四易稿在，同治來乃補成之，自謂不及昔定本。書名仍謝陛、章陶，以蜀志載輔臣贊稱季漢也。

尚史一百七卷

國朝李鍇撰。刊本。

右別史類

史部五 雜史類

國語二十一卷

吴韋昭注。段玉裁校定本。衍聖公刊本。四庫著録疑即段本。昭文張氏有元刊本，附補音三卷。明樊川許宗魯宜静書堂刊本，半頁十行，行二十字，中多古體。又張一鯤刊本。萬曆乙酉新都吴汝紀重刊張本，云張、李、郭、周四先生南都校本國語，張歸蜀，其本入蜀，此又重刊。嘉靖戊子金李刊本。閔齊伋刊本。關中葉邦榮刊本。盧之頤刊本。葛端調刊本。朱墨套本。國語注有宋紹興十九年刊本，半頁十行，行二十字。黄丕烈仿宋明道二年刊本，附丕烈札記一卷，校刻并精善。

國語三君注輯存四卷國語發正二十一卷國語考異四卷

國朝錢塘汪遠孫撰。道光丙午汪氏振綺堂刊本。其板經亂猶存。

國語補音三卷

唐人舊本，宋宋庠補輯。微波榭刊本。元刊本。明翻宋刊國語本，後附補音，每頁二十行，行二十字，敬、讓闕筆。錢士興。惠松崖皆有識語，較黄氏札記惠校較多。

戰國策注三十三卷

漢高誘撰，宋姚宏因誘注殘本補之。四庫著録依汲古閣影宋抄本。雅雨堂刊據宋梁谿安氏本，實多以鮑注本竄改。黄氏仿宋剡川姚氏本，附札記三卷，半頁十一行，行二十字，善。昭文張氏有陸敕先精較梁谿安氏姚宏本，與黄刻姚宏本小異〔三六〕。

鮑氏戰國策注十卷〔三七〕

宋鮑彪撰。曲阜孔氏刊本。明嘉靖壬子杜詩刊本。内府有宋紹興刊本。昭文張氏有元至正二十五年刊本，鮑、吴注，乃陸敕先藏書。

戰國策校注十卷

元吴師道撰。四庫著録依元時舊刊本。來氏惜陰軒叢書本依元本重刊，最善。陽湖孫氏有元至正十五年平江路學刊本，每頁二十二行，行二十字〔三八〕。明翻黑口本，劣。然注全。葛鼎刊本，多删注。

戰國策釋地二卷

國朝張琦撰。嘉慶二十年刊。

貞觀政要十卷

唐吴競撰。宋小字本。明成化内府大本。國初朱再農刊大字本。近年掃葉山房刊本。邵位西有永樂大典校掃葉山房本。

渚宮舊事五卷補遺一卷〔三九〕

唐余知古撰。平津館本。墨海金壺本。

奉天録四卷

唐趙一元撰。昭文張氏有舊抄本。道光庚寅江都秦氏刊本。秦氏刊奉天録，與封氏見聞記、列子盧注、鬼谷子陶注彙印爲石研齋四種。成都龍萬育活字本。張志云紀朱泚作亂事，起建中四年涇源叛命，終興元元年克復神都，序述詳備，而于秉節不屈段太尉尤三致意焉。唐舊籍傳世已希，此帙自崇文目、通志、直齋外絶無著録，洵秘笈也。咸豐三年南海伍氏重刊，入粤雅堂叢書。

東觀奏記三卷

唐裴庭裕撰。稗海本。唐宋叢書本。

五代史闕文一卷

宋王禹偁撰。明余寅刊本。汲古閣本。

五代史補五卷

晉陶岳撰。明余寅刊本。澹生堂餘苑本。汲古閣本。

北狩見聞録一卷

宋曹勛撰。學海類編本。學津討原本。彭文勤公云：此書與靖康孤臣泣血録俱全，採入三朝北盟會編。

松漠紀聞一卷續一卷

宋洪皓撰。顧氏文房小説本。歷代小史本。古今逸史本無續。學津討原本。

燕翼貽謀録五卷

宋王栐撰。百川學海本。歷代小史本。唐宋叢書本。學津討原本。

太平治迹通類前集三十卷

宋彭百川撰。四庫著録係曝書亭抄本，似無刊本，且原多訛闕。文獻通考載前集四十卷，後集三十三卷。

中興禦侮録二卷

宋失名。昭文張氏有舊抄，不著撰人。粤雅堂刊。存目有禦侮集二卷，蓋即一書〔四〇〕。

襄陽守城録一卷

宋趙萬年撰。昭文張氏有舊抄本。

辛巳泣蘄録一卷

宋趙與袞撰。昭文張氏有舊抄本。

咸淳遺事二卷

不著撰人。墨海金壺本。守山閣本。

大金吊伐録四卷

不著撰人。墨海金壺本二卷。守山閣本。

汝南遺事四卷

元王鶚撰。澤古齋本。借月山房本。指海本。

皇元征緬録一卷

不著撰人。稱英宗爲今上，是亦成于至治之初。所載征緬事多與元史緬國傳相同，自大德二年以下更足補正史所未備。阮氏曾録進呈。守山閣刊本。

招捕總録一卷

不著撰人。紀元代招捕事，起于世祖至元，迄于英宗至治，分二十九種。其事多不見于正史，而實有關於正史。阮氏曾依舊抄録以進呈。守山閣刊。友芝按：二書皆元政典中之子篇，蘇天爵採入元文類。此單行者當自文類中録出，以欺藏書家耳，進者、刊者都未詳考。

錢塘遺事十卷

元劉一清撰。掃葉山房本。

平宋録三卷

元劉敏中撰。墨海本。守山本。

弇山堂别集一百卷

明王世貞撰。明萬曆庚寅刊。

革除逸史二卷

明朱睦㮮撰。明刊本。指海本。

右雜史類

【校勘記】

〔一〕黄：原脱，據藏園本、訂補本補。

〔二〕藏園本、訂補本「刊梓」前均脱一「謹」字。

〔三〕藏園本、訂補本均脱「無述贊」三字。

〔四〕莫友芝《宋元舊本書經眼録》卷一云：「《史記集解》，宋蜀大字本，上海郁氏藏，……又有『芙初女史姚畹真印』。」

〔五〕訂補本考證曰：「白鹿洞本即前條之正德十年白鹿書院刊本，無正義，莫氏誤記。」莫氏在前條「明正德刊本」之下亦有言：「索隱而無正義」。

〔六〕莫友芝《持静齋藏書記要》此句作「余有丁校刊南監本。」其餘校語小異，可互參。

〔七〕所據：藏園本、訂補本作「所以」。

〔八〕莫友芝《持静齋藏書記要》上卷此句作「明嘉靖九年南監祭酒張邦奇等校刊，緜紙初印，絶精」。

〔九〕「敬、殷、恒」三字原缺末筆，藏園本同。

〔一〇〕莫友芝《持静齋藏書記要》上卷此句作：「《志》，晉司馬彪撰，梁劉昭注補。」

〔一一〕十卷：藏園本同，訂補本誤爲「八卷」。

〔一二〕一百三卷：原作「一百二卷」，誤，據訂補本改。

〔一三〕「漢書疏證三十六卷」之下，訂補本有「國朝沈欽韓撰」。

〔一四〕行十六字：原作「行廿六字」，誤，據藏園本、訂補本改。

〔一五〕此句藏園本、訂補本均脱「臣」字。

〔一六〕「七十四卷，半頁十行，行十八字，注行二十一字，前」十九字，藏園本和訂補本均脱。

〔一七〕四十八：原作「四十三」，誤，據訂補本改。藏園本句末「刊」字之後有「本」字。

〔一八〕藏園本、訂補本均無「三本」二字。

〔一九〕十二卷：原誤作「十三卷」，據藏園本、訂補本改。

〔二〇〕藏園本、訂補本句末均有一「本」字。

〔二一〕每半頁八行：莫氏《宋元舊本書經眼録》和《持静齋藏書記要》亦作「半頁八行」。藏園本、訂補本均脱「半」字，誤作「每頁八行」。

〔二二〕莫友芝《持静齋藏書記要》上卷收此書，作「《資治通鑒綱目七家注》五十九卷」，爲「明正德癸酉福州刊本。」

〔二三〕宋南渡：藏園本和訂補本均脱「宋」字。

〔二四〕藏園本、訂補本均脱「掃葉山房刊本」，而增入「席刊似邵氏類編也」一句。

〔二五〕此二句，藏園本、訂補本均改作：「提要次御定通鑒綱目三編之前，簡明目列綱目三編之後。」

〔二六〕藏園本、訂補本均脱一「而」字。

〔二七〕此條書目訂補本失收。皇宋，藏園本作「皇朝」。

〔二八〕藏園本句末多「刊」字。

〔二九〕「指海」之後原有「流轉」二字，據藏園本、訂補本删。

〔三〇〕此句後原用朱筆删去以下文字：「記戡定逆藩吴三桂、耿進忠、尚之信始末。三桂等恃恩驕恣，日形跋扈。康熙十一年因其自乞移藩，詔允所請，逆謀既成，遂先後遥爲煽附。於是指授方略，撫剿并施，甫八年而三逆以次掃蕩。皇威耆定，聖武光照，實亘古所未睹也。」藏園本脱此條，訂補本有此條，注曰：「清勒德洪等撰。按：四庫著録，莫氏失收。清内府寫本。此書已印入四庫全書珍本初集中。」

〔三一〕此條藏園本脱。訂補本有此條，有注曰：「按：四庫著録，莫氏失收。」誤。

〔三二〕藏園本、訂補本句末均有一「也」字。

〔三三〕集：藏園本、訂補本均作「列」。又，《持静齋藏書紀要》卷下記是書十分詳盡，明言丁禹生同治丁卯所收，是張星曜收稿。可與此互參。

〔三四〕莫友芝《持静齋藏書記要》上卷亦收是書，且評價宋眉山程氏刊本「紙墨之善，與《綱目》巨編，皆海内所希見，史部之甲乙也。」

〔三五〕「群玉山房活字本」七字，原用朱筆補。藏園本、訂補本史部四無此書目。

〔三六〕此頁有浮簽語：「國策有閔齊伋刊，當是高注。查張一鯤本是否并有國策，查。」

〔三七〕莫友芝《持静齋藏書記要》上卷收是書，作「《鮑氏戰國策注》十卷，明嘉靖壬子刊。」

〔三八〕行二十字：原誤爲「行二十行」，今予校改。

〔三九〕渚宫舊事：藏園本同，訂補本誤「渚」字爲「清」字。

〔四〇〕此句後訂補本增入：「按：四庫存目。」

郘亭知見傳本書目卷五

史部六　詔令奏議類

上諭内閣一百五十九卷

雍正元年至十三年。刊本。

硃批諭旨三百六十卷

雍正十年奉敕校刊，朱墨套板。金陵翻刻本。揚州擺印本。江西擺字本。金陵擺字本。

兩漢詔令二十三卷

西漢十二卷，宋林慮編。東漢十一卷，宋樓昉編。路小洲有宋刊本，不真，疑明初刻本。

宋大詔令二百四十卷

昭文張氏有抄本。缺四十四卷，不載編入，始建隆，迄宣和。

右詔令奏議類詔令之屬[一]

政府奏議二卷

宋范仲淹撰。范文正全集明本。今本。元元統刊本，目録有「元統甲戌褒賢世家歲寒堂刊」木印，見昭文張氏書志。天一閣有明嘉靖辛酉范惟一刊本奏議十七卷，書牘一卷，奏議續集二卷。

陸宣公奏議十五卷[二]

宋郎煜撰。元至正刊本。又明刊本，三十二卷。

包孝肅奏議十卷

宋包拯撰。明正統元年胡儼刊本。嘉靖三十四年雷逵刊本。康熙丁丑張修刊本。嘉慶八年張祥雲刊本。同治初李翰章刊本。宋淳熙元年趙磻老盧州本，明刊本依之〔三〕。

盡言集十三卷

宋劉安世撰。明刊本。

左史諫草一卷

宋吕午撰。依閣鈔本。

李忠定公奏議六十九卷附録九卷

宋李綱撰。四庫存目。明正德刊本。

商文毅疏稿略一卷

明商輅撰。四庫依天一閣抄本著録，云刊板久佚。

王端毅奏議十五卷

明王恕撰。正德辛巳三原令王成章刊。

馬端肅奏議十二卷

明馬文升撰。正德十五年刊本，序稱本二十七卷，此爲巡撫張公所選定。嘉靖丁未魏尚綸編刊本，十六卷。

關中奏議十卷

明楊一清撰。天一閣書目有刊本十八卷。嘉靖初刊本。嘉靖二十九年刊本。道光中雲南刊本。

楊文忠公三録七卷

明楊廷和撰。刊本。

胡端敏奏議十卷

明胡世寧撰。天一閣目有刊本。明嘉靖刊本。顧霑刊本，十二卷。

何文簡疏義十卷

明何孟春撰。汝陽趙賢編〔四〕。萬曆初趙賢刊本。

垂光集二卷

明周璽撰。温陵刊本。

孫毅庵奏議二卷

明孫懋撰。明刊本。

玉坡奏議五卷

明張原撰。刊本。

南宮奏稿五卷

明夏言撰。明王廷瞻刊本。

訥溪奏疏一卷

明周怡撰。訥溪集明刊本。指海本。

兩河經略四卷

明潘季馴撰。刊本。

兩垣奏議一卷

明逯中立撰。附刊中立周易劄記後本。澤古堂本。借月山房本。指海本。

周忠愍奏疏二卷

明周起元撰。周氏裔孫刊本。

張襄壯奏疏六卷

國朝張勇撰。刊本。

靳文襄奏疏八卷

國朝靳輔撰。公子治豫刊本。

華野疏稿五卷

國朝郭琇撰。郭氏裔孫刊本。

諸臣奏議一百五十卷

宋趙汝愚編。天禄後目有宋刊本。路小洲有宋淳佑刊本，即昭文張氏本，中有九卷抄補。明會通館活字本。

歷代名臣奏議三百五十卷

明楊士奇等奉敕編。明永樂官刊本。總目稱，當時書成，刊印僅數百本，板藏禁中，世頗希有。今舊家藏當時印本，每册首鈐廣運之寶。太倉張溥有詳節本，四庫存目。

名臣經濟録五十三卷

明黄訓編。明新安刊本。

右編四十卷

明唐順之編。南京祭酒劉日寧補訂刊本。四庫存目。

欽定名臣奏議二十卷

乾隆四十六年奉敕編。聚珍板本。閩覆本。

右詔令奏議類奏議之屬

史部七　傳記類

孔子編年五卷

宋胡仔撰。嘉靖戊寅胡氏耘經軒刊本。嘉慶戊寅胡培翬刊本。

孔氏祖庭廣記十二卷

金孔元措撰。錢塘何氏有大蒙古元年刻本，即宋淳祐二年也。此本即見昭文張氏志。孫氏平津館有抄本。琳琅館新刊本，四庫未收。

東家雜記二卷

宋孔傳撰。四庫依宋刊録。黄丕烈有宋刊本。近刊琳琅館叢書本，與祖庭廣記合刊。

右傳記類聖賢之屬

晏子春秋八卷

撰人名氏無考，舊題晏嬰撰者誤也。明李氏緜眇閣抄本。明李先刊本六卷〔五〕。吴勉學二十子本四卷〔六〕。子彙本二卷，劣。孫星衍校本七卷，附音義二卷，刊入經訓堂叢書，又黄氏刊本，皆善。明吴懷保校刊本一卷。吴方山藏元刊本，在昭文張氏。孫淵如得元刊本，授吴山尊付刊，顧千里爲之校，最善。

魏鄭公諫録五卷

唐王方慶撰。明正德二年刊本，杜啓序。嘉靖刊本，末附彭年輯補一卷。秀野草堂康熙中刊本。乾隆中刊本。

李相國論事集六卷

唐蔣偕撰。四庫依浙江孫仰曾家藏本。指海本。

杜工部年譜一卷

宋趙子櫟撰。道光壬午山陰杜春生校宋刊本，題杜工部草堂詩年譜上卷。

杜工部詩年譜一卷

宋魯訔撰。道光壬午杜春生刊，題下卷。

韓柳年譜八卷

雍正庚戌馬日璐合刊。

紹陶録二卷

宋王質撰。昭文張氏有舊抄本雲韓堂紹陶録二卷。

辨誣筆録一卷

宋趙鼎撰。曰辨張邦昌僭干王時雍權京畿提刑，有新奉玉音之語；曰辨盜用都督府錢十七萬；曰辨資善堂汲引親黨；皆秦檜惡其逼己，誣以去之，又忌其復用，諷爲加誣之事，并足與史相證。阮氏以進呈。

金陀粹編二十八卷續編三十卷

宋岳珂撰。明嘉靖唐一鵬刊。國朝岳志景重編本，多後十卷。其原本卷數則減併于其舊。昭文張氏有元至正二十三年刊本。金陀書當時初編刻于檇李，續編刻于南徐，端平甲午合刻于廟塾，元季重刊于西湖書院。明嘉靖壬寅晉江洪富刊本，後十七年莆田黄日敬修補。編中有忠武文集十卷，四庫載文集僅一卷，未及搜之此書也〔七〕。

魏鄭公諫續録二卷

元翟思忠撰。元統中刊本。聚珍本。閩覆本。

諸葛武侯傳一卷

宋張栻撰。其集不載，乃宋刊單行本。闡發考證極確。阮氏以進呈。

种太尉傳一卷

宋河汾散人趙起得君撰。汲古閣舊抄本。

漢丞相諸葛忠武侯傳一卷〔八〕

宋廣漢張栻撰。自序二篇，舊抄本。

鄜王劉公家傳三卷

不著撰人。記劉光世戰績。

復齋郭公言行録一卷

元刊本。元福州路儒學教授徐東述。郭公名郁，汴之封丘人，仕元，歷官至福建都轉運監使，所至有聲。阮氏曾録進呈。

徐文清公家傳一卷

文清名僑，字崇甫，婺之義烏人，宋史有傳，理宗時人。此傳宋朱元龍等撰，有可補史缺者。附毅齋詩集别録一卷，亦流傳絶少。阮氏以進呈。

諸葛忠武書十卷

明楊時偉編。明萬曆己未楊時偉合刊忠武靖節二編本。

寧海將軍固山貝子功蹟録一卷

不著撰人。指海本。

朱子年譜四卷考異四卷附録二卷

國朝王懋竑撰。乾隆辛未白田草堂刊本。道光中江寧刊本。粤雅堂本。朱子年譜舊有明洪武甲戌裔孫景刊本。宣德六年葉氏刊本。嘉靖間李默刊本、婺源洪氏本皆五卷。建寧朱氏本。武進鄒氏本。

右傳記類名人之屬

古列女傳七卷續列女傳一卷

漢劉向撰。明黄省曾刊本。阮福道光時刊，仿宋繪圖本。又郝氏刊補注本。汪氏輯注本。

顧抱冲仿宋刊本，附考證一卷，佳。

襄陽耆舊記三卷

晉習鑿齒撰。國朝任兆麟刊心齋十種本。

襄陽耆舊傳一卷

不著撰人名氏。所序人物上起周秦，下迄五代，蓋宋人依習氏本重編，板心有五雲溪活字兩行。見愛日精廬藏書志。明五雲溪活字本。

高士傳三卷

晉皇甫謐撰。漢魏叢書本。古今逸史本。明黄省曾刊本。

卓異記一卷

舊本。或題唐李翺，或題唐陳翺，或題唐陳翰。普秘笈本〔九〕。歷代小史本。顧氏文房小説本。續百川學海本。錢氏敏求記有樂史廣卓異記二十卷〔一〇〕。

春秋列國諸臣傳三十卷

宋王當撰。通志堂經解本。愛日精廬志云：臣傳舊鈔本，題云「新刊標注蜀本王學士當春秋臣傳」，直學省元曾基之、學諭省元丘聞之同校正。

廉吏傳二卷

宋費樞撰。路小洲有述古堂抄本。

紹興十八年同年小録一卷

宋紹興戊辰王佐榜進士題名也。胡心耘有宋刊本。弘治中會稽王鑑之刊本，題朱子同年録。明初刊本。國初刊本。乾隆癸卯活字板本。

伊雒淵源録十四卷

宋朱子撰。吕氏刊朱子遺書本。正誼堂叢書本。明嘉靖乙丑刊本。元至正癸未，蘇天爵伯修在鄂，刊于武昌郡庠。既莅浙，又命刊于吴學，郡守蕭仁甫相成之〔二〕，于至正九年己丑三月〔三〕，詳李世安後序。郘亭有吴本，同治戊辰十一月收于泰州肆中，蓋此書傳本最舊者。續録六卷，明謝鐸撰刊。

名臣言行録前集十卷後集十四卷續集八卷别集二十六卷外集十七卷

宋朱熹撰。安福張鼇山刊本。道光元年洪瑩仿宋刊本，佳。萬曆丁未揚州刊本。崇禎癸西南京刊小字本。崇禎戊寅張來刊本。

名臣碑傳琬琰集一百七卷

宋杜大珪編。四庫著録依浙江孫仰曾家本。路小洲有宋刊本。天一閣有抄本。陽湖孫氏有宋刊，每頁二十行，行二十五字。上二十七卷，中二十五卷〔一三〕，下二十五卷，售宋本〔一四〕，實明初本。

中興四將傳四卷

宋章穎撰〔一五〕。昭文張氏有抄本。又千頃堂書目有南渡十將傳十卷。

錢塘先賢傳贊一卷

宋袁韶撰。元至正二年重刊本。明刊本。知不足齋本。

慶元黨禁一卷

不著撰人。知不足齋本。

寶祐四年登科録一卷

宋文天祥榜進士題名也。有宋刊本。明初刊本。乾隆癸卯活字本。

莆陽比事七卷

宋李俊甫撰。俊甫字幼傑，莆田人。是編見宋史藝文志，成于嘉定間，取唐以來凡莆陽事之可傳者，綺分璧合，釐爲七卷。明人林兆珂曾以宋本翻刻〔一六〕。阮氏依抄進呈。

京口耆舊傳九卷

不著撰人。守山閣刊[一七]。

昭忠録一卷

不著撰人。墨海金壺本。守山閣本。粤雅堂本。

敬鄉録十四卷

元吴師道撰。四庫依浙江王啓淑家藏本。

唐才子傳八卷

元辛文房撰。嘉慶中王氏刊本。日本佚存叢書活字本十卷[一八]。指海本十卷。

元朝名臣事略十五卷

元蘇天爵撰。聚珍板本。閩覆本。昭文張氏有元元統乙亥余志安勤有堂刊本。

元統元年進士題名録一卷

有元刊本。余忠宣榜進士題名也。色目一甲一名爲同因，二名即忠宣公。

洪武四年登科録一卷

藝海珠塵本。

浦陽人物記二卷

明宋濂撰。知不足齋本。宋文憲全集本。

古今列女傳三卷
明解縉等奉敕撰。永樂九年内府刊。
殿閣詞林記三十三卷
明廖道南撰。明詹氏刊本。
嘉靖以來首輔傳八卷
明王世貞撰。刊本。借月山房彙鈔本。
明名臣琬琰録二十四卷續録二十二卷
明徐紘編。刊本。

兩浙名賢録五十四卷外録八卷

明徐象梅撰〔一九〕。刊本。四庫存目。

獻徵録一百二十卷

明焦竑撰。刊本。四庫存目。

今獻備遺四十二卷

明項篤壽撰。刊本。

百越先賢志四卷

明歐大任撰。萬曆壬辰游朴刊本。嶺南遺書本。

元儒考略四卷

明馮從吾撰。刊本。

國史滿洲名臣傳四十八卷漢名臣傳三十二卷又貳臣傳十二卷逆臣傳四卷

坊刊本。

國史儒林文苑傳稿

阮元撰集。

國史忠義傳稿八册□卷

邵亭在京師收寫本，以付黄子壽。

從政觀法録三十卷

國朝朱方增輯。取國史名臣傳所載，去繁存要，仍每人爲一傳，凡二百八十人。道光庚寅刊。

欽定勝朝殉節諸臣録十二卷

乾隆四十一年奉敕撰。浙中刊本。

宋元學案一百卷

國朝黄宗羲、全祖望原輯，王梓材增補。道光丙午何紹基刊之京師。

明儒學案六十二卷

國朝黄宗羲撰。康熙中刊本。近有覆本。

中州人物考八卷

國朝孫奇逢撰。四庫依抄本。

明名臣言行録九十五卷

國朝康熙初徐開仕撰。崑山徐氏刊本。

皇朝獻徵録

國朝錢儀吉撰。取各家文集中碑志傳記之文依次編集，有加無已，聞已得八十餘册，後不知更增若干。

東林列傳二十四卷

國朝陳鼎撰。康熙中刊本。山壽堂刊本。

儒林宗派十六卷

國朝萬斯同撰。辨志堂刊本。

明儒言行録十卷續録二卷

國朝沈佳撰。刊本。

史傳三編五十六卷

國朝朱軾撰。朱文端十三種本，雍正中刊。

右傳記類總録之屬

孫威敏征南録一卷

宋藤元發撰。墨海金壺本。

驂鸞録一卷

宋范成大撰。知不足齋本。石湖三録本。眉公秘笈本。近華亭張詩舲刊本，極精。

吴船録二卷

宋范成大撰。知不足齋本。廣秘笈本。藝圃搜奇本。石湖三録本。

入蜀記六卷

宋陸游撰。放翁文集本。知不足齋本。藝圃搜奇本。廣秘笈本四卷。

西使記一卷

元劉郁撰。古今説海本。學海類編本。學津討原本。

保越録一卷

不著撰人。學海類編本。

閩越巡視紀略六卷

國朝杜臻撰。刊本。

松亭行記二卷

國朝高士奇撰。江村全書本。説鈴本。

扈從西巡日録一卷

國朝高士奇撰。江村全集本。説鈴本。

右傳記類雜録之屬

史部八　史鈔類

吕東萊十七史詳節二百七十三卷

明正德丙子劉宏毅刊本。四庫存目。天禄後目有宋元本十餘部。

南朝史精語十卷

宋洪邁撰。乾隆五十二年南城吴照刊。四庫存目。

兩漢博聞十二卷

宋楊侃編。嘉靖戊午黄氏刊本。不著撰人。

漢雋十卷

宋林越撰。明刊本。又嘉慶中吴氏刊本。四庫存目。又明凌氏文林綺綉刊本，十六卷，改名兩漢雋言。後六卷凌迪知續。

通鑑總類二十卷

宋沈樞撰。明成化十六年官刊本。萬曆司禮監刊本。元至正中刊本。天禄後目有宋嘉定刊本三部。

史緯三百三十卷

國朝陳元錫編。刊本。四庫存目。

南北史捃華八卷

國朝周嘉猷撰。刊本，分三十五目，略依世説。

南史識小録八卷北史識小録八卷

國朝沈名蓀、朱昆田同編。無刊本。此書不分門類，張仲甫取其原本增益排比，尚未刊行。

右史鈔類

史部九 載記類

吴越春秋十卷

漢趙煜撰，元徐天祐注。漢魏叢書、古今逸史、二十一種秘書本俱六卷。昭文張氏有影宋抄本。又有明初刊本，有徐注。弘治中袁大倫刊本，佳。張藏似即此本。陽湖孫氏有元大德本。元本徐注十卷，末頁二行云「大德十年歲在丙午三月音注，越六月書成刊板，十二月畢工」。後天祐及紹興路學官題名五行，每頁十八行，行十七字。明萬曆丙戌，武林馮念祖翻刻徐注本于卧龍山房，甚精工，見天禄琳琅。張氏愛日精廬藏書志，吴越春秋，宋嘉定甲申新安汪綱與越絶書同刊。天禄後目有宋紹興十一年刊本，云總目但見元大德丙午重刊本，未窺中秘之藏也。

越絶書十五卷

漢袁康撰。明初刊本。古今逸史本。田汝成本。昭文張氏藏。明張佳胤校勘本。丁文伯刊本。

華陽國志十二卷附録一卷

晉常璩撰。四庫依張佳胤嘉靖甲子足本録。漢魏叢書、古今逸史本皆不全。明何宇度本，良。函海本，全。嘉慶甲戌廖寅題襟館本，佳，乃顧千里校。宋元豐中吕大防成都刊本。嘉泰甲子李炁刊本。宋李叔嘉泰甲子本校明何鏜吴琯本，增出卷十之上中兩卷，李、廖二卷皆有之。

鄴中記一卷

晉陸翽撰。聚珍本。閩覆本。續百川學海本。

十六國春秋一百卷

魏崔鴻撰。明屠喬孫等刊本。乾隆辛丑仁和汪日桂重刊本。此書四庫目以爲即屠、項二君所僞作，然汲古閣秘本書目有精抄本二十册二套，稱係從宋板抄出，在刻本之前。屠、項刻此書于萬曆中，而毛氏家藏已有抄本，即使僞托，亦前人所爲，决非二君自作自刊也。

十六國疆域志十六卷

國朝洪亮吉撰。刊。

別本十六國春秋十六卷

魏崔鴻撰。漢魏叢書本。

蠻書十卷

唐樊綽撰。聚珍板本。閩覆本。桐華館刊本。琳琅秘室本。雲南備徵志本。

釣磯立談一卷

不著撰人。澹生堂餘苑本。曹楝亭刊本。知不足齋本，佳。

江南野史十卷

宋龍衮撰。四庫依抄本。澹生堂餘苑本。

江南别録一卷

宋陳彭年撰。歷代小史本。古今説海本。學海類編本。墨海金壺本。

江表志三卷

宋鄭文寶撰。藝圃搜奇本。學海類編本。墨海金壺本。

江南餘載二卷

不著撰人。知不足齋本。函海本。龍威秘書本。

三楚新録三卷

宋周羽翀撰。歷代小史本。古今説海本。學海類編本。續百川學海本。墨海金壺本。

錦里耆舊傳四卷

宋句延慶撰。讀畫齋叢書本。

五國故事二卷

不著撰人。萟圃搜奇本。澹生堂餘苑本。學海類編本。龍威秘書本。函海本。知不足齋本。

蜀檮杌二卷

宋張唐英撰。歷代小史本。藝圃搜奇本。續百川學海本。學海類編本。藝海珠塵本。函海本。

南唐書三十卷

宋馬令撰。陳仁錫刊。蔣國祥、馬陸合刊。澹生堂餘苑本。唐宋叢書本。墨海金壺本。昭文張氏有明刊本，又茶夢主人手抄本。平津館有明刊本，每頁二十二行，行二十字，多自序一篇。

南唐書十八卷音釋一卷

宋陸游撰。明沈士龍刊。蔣國祥合刊。汲古閣刊元刊小字本。明人撰唐餘紀傳全襲此書，不過增删數字耳。秘册彙函本無音釋。王士禎有其門人成名昭寄以宋槧四册，凡十五卷，與今刻十八卷編次小異。

陸氏南唐書注十八卷唐年世總釋一卷州軍總音釋一卷

國朝湯運泰撰。道光二年刊。

九國志十二卷

四庫未收。宋路振撰。儀徵阮氏得曲阜孔氏舊抄殘帙[二〇]，凡列傳一百三十六篇，編爲十二卷，曾以進呈。守山閣刊本，多拾遺一卷。

續唐書七十卷

國朝陳鱣撰。其書以南唐爲正統，蓋本之陳霆唐餘紀傳而爲之者。又用蕭常、郝經續漢書之例。

吴越備史四卷補遺一卷

宋錢儼撰。嘉靖中錢德洪刊本，六卷。學津討原本。掃葉山房本。昭文張氏有精校本。乾隆六十年刊錢時鈺校補本六卷。

安南志略十九卷

元黎崱撰。寶山蔣敦復有錢竹汀及其子某舟行寫本。姚石甫有舊抄本。〔二二〕

南漢書十八卷叢録二卷南漢文字四卷

國朝梁廷柟撰。道光己丑刊。

南疆逸史十六卷

國朝萬斯同撰。

西魏書二十四卷

國朝謝啓昆撰。乾隆己卯刊本。

十國春秋一百十四卷

國朝吴任臣撰。康熙十七年彙賢齋刊。有翻本。

附録

越史略三卷

不著撰人。守山閣本。

朝鮮史略六卷

不著撰人。萬曆丁巳刊本，名東國史略。

高麗史一百三十九卷

明朝鮮人鄭麟趾撰。四庫存目著録只二卷，乃殘本也。昭文張氏有抄足本〔三〕。

琉球國志略十六卷

國朝周煌撰。聚珍板本。提要遺未録。周氏刊本。

吾妻鏡五十二卷

亦名東鑑，即日本國史也。朱竹垞有跋，無撰人名氏。

藩部要略十八卷表四卷

國朝祁韻士撰。道光丙午刊。

右載記類

旁注：史以上未收者九十一，已收未見者三十四，存目者十七。

史部十　時令類

歲時廣記四卷

宋陳元靚撰。學海類編本有圖説一卷，格致叢書本二十圖全。路小洲有舊抄本，完全無缺。天一閣有二十四卷足本。

歲華紀麗四卷

唐韓諤撰。王士禎以爲胡震亨僞造，然錢遵王家有舊抄本七卷，云内有缺文，後見章邱李中麓藏宋刻本脱落正同。據錢氏言，此書原有真本，或震亨稍爲改輯耳。四庫存目。津逮秘書本。唐宋叢書本〔二三〕。

御定月令輯要二十四卷圖説一卷

康熙五十四年大學士李光地等奉敕撰。内府刊本〔二四〕。

右時令類

史部十一　地理類

三輔黄圖六卷

不著撰人。漢魏叢書、古今逸史本皆不全。明嘉靖劉景韶刊本。萬曆郭子章刊本。經訓堂、平津館兩叢書本皆善；經訓多補遺一卷。平津本一卷，係校宋本。胡心耘見過宋板，不全。張志：黄圖毛斧季校宋本，半頁十行，行二十字至二十二三字不等，卷二建章宫條構字注「御名」，蓋據南宋高宗時刻本。首尾通一卷，合隋志。

歷代宮殿名一卷

宋李昉等奉旨撰。昭文張氏有舊抄本。

長安宮殿考二十卷

國朝汪士鋐撰。南匯吴氏家藏舊抄本，未刊。

禁扁五卷

元王士點撰。曹楝亭刊本。

右地理類宮殿疏之屬

元和郡縣志四十卷

唐李吉甫撰。聚珍板本。閩覆本。岱南閣校刊本，三十四卷，補目録二卷，遺文一卷。影宋抄本作元和郡縣圖志，宋淳熙三年張幾仲子顔刊，有目録二卷，今在杭州瞿氏。近有嚴氏志補，已刊。張氏舊抄缺十九、二十、二十三、二十四、二十六、三十六等，凡六卷〔二五〕。

太平寰宇記一百九十三卷

宋樂史撰。活字板本。乾隆癸丑樂氏刊本。錢遵王家有足本。江西萬庭蘭重刊宋本，附大清一統志表，校正舛訛，又補四庫本所缺，定爲一百九十二卷，補缺八卷，紀元表一卷。王漁洋云金陵焦氏有宋刻，今藏吴盧侍郎家。季氏舊抄缺卷第四及一百十三至百十九，凡八卷〔二六〕。

輿地紀勝二百卷

四庫未收。宋王象之撰。述古堂有宋刊足本。陽湖孫氏、昭文張氏、儀徵阮氏均有抄本，不全，共缺三十二卷。阮文達曾以進呈。道光二十九年揚州岑氏懼盈齋刊本。咸豐五年廣東粵雅堂刊本〔二七〕。

天下名勝志五十一册共一百九十八卷

明曹學佺纂刊本。四庫存目。

寰宇通志一百十九卷

明陳循等撰。景泰中刊本。

圖注水陸路程途八卷〔二八〕

明黃汴撰。四庫存目。

讀史方輿紀要百六十卷圖表五卷

國朝顧祖禹撰。彭元瑞校本。道光中成都龍萬育敷文閣刊。安塘張氏鵬翀校刊。

天下郡國利病書一百二十卷

國朝顧炎武撰。嘉慶間成都龍萬育活字板校印，尋刊板，與方輿紀要并行。其稿今存興化某氏，蓋未成之書。顧氏又有肇域志若干卷，亦採掇而未貫串之稿，今存杭州許氏。

元豐九域志十卷

宋王存等奉敕撰。聚珍板本。閩覆本。乾隆四十九年馮氏刊本。季目有抄本二十四卷，似附古迹，所謂民本也。十卷則官修原本。傳是樓影宋本，字密而小，佚第十卷，以蘇州朱焕家抄本補之，閩中刻本，不精。如睦州宣和中改嚴州，此本未改，出于北宋可知〔二九〕。

輿地廣記三十八卷

宋歐陽忞撰。聚珍板本。閩覆本。黄丕烈仿宋刊本，附札記二卷，内有缺卷依曝書亭抄本補刊。宋本缺首二卷，曾藏元和吴氏、秀水朱氏〔三〇〕。

方輿勝覽七十卷

宋祝穆撰。内府及平津館均有宋咸淳丁卯刊本。路小洲亦有宋刊本。宋刊黑口本，每頁二十八行，行二十三字，其中事要標以大書，則跨兩行。

一統志案説十六卷

道光丁亥張氏活字板印本，題顧炎武撰。張穆云此書雜纂顧祖禹方輿紀要中總論，合爲一編，非炎武所作也。

歷代地理志韻編今釋二十卷皇朝輿地韻編二卷圖一卷〔三二〕

國朝李兆洛撰。以皇輿表、一統志表歷代沿革不便檢尋，乃取歷代史志郡縣名依韻編次，而以今地名釋之，頗足爲讀史之助。道光二十年輩學齋活字印本。咸豐末鄧傳密又刊本于湖南。

明一統志九十卷

明李賢等奉敕撰。天順五年刊大字本。弘治乙丑慎獨齋刊本。元大一統志一千卷，今世僅有殘本，潛研堂集有跋語。

大清一統志五百卷

乾隆二十九年奉敕撰。内府刊本。近年國史館重修告成，後僅寫清本二分，以卷帙繁重未刊，然所修亦不如舊本精善。近常州活字印本。

一統輿地全圖五十葉

國朝李兆洛仿乾隆圖之意，分爲八排，兼列里方及經緯度、府、廳、州、縣，據道光間現名刊。刻不能甚精，亦無村鎮小地名，然較一統志圖爲佳。近年陳延恩又刊李圖編本，便于挂壁，排擠促狹，又遜原圖矣。李又有寫本歷代輿地圖，不能甚精。

右地理類總志之屬

吴郡圖經續記三卷

宋朱長文撰。明嘉靖戊申錢氏懸磬室刊本。黄丕烈有宋刊，云即錢氏所藏，而錢刊本多舛誤。學津討原本。琳琅密室本。胡心耘亦有宋本。

乾道臨安志三卷

宋周淙撰。四庫依孫仰曾家宋刊殘本。

淳熙三山志四十二卷

宋梁克家撰。四庫依抄本録上三種。昭文張氏有舊抄本。

淳祐臨安志六卷

宋施諤撰。原十卷，闕首四卷。張氏志云：存城府山川兩門，未詳凡若干卷。阮氏曾進呈。

紹熙雲間志三卷續一卷

宋楊潛撰。嘉慶壬戌沈氏刊。雲間即今江南之華亭，在宋兼今松江全郡地，此志繁簡得中，成于紹熙四年。阮氏曾以進呈。

嘉定鎮江志二十二卷附録一卷校勘記一卷

宋盧憲撰。道光二十二年丹徒包良丞刊〔三二〕。陳直齋書録載是書三十卷。阮氏曾以進呈。

咸淳毘陵志三十卷

宋史能之因宋慈未成之稿續撰。嘉定錢氏、陽湖孫氏有抄本，闕第三十卷〔三三〕。嘉慶庚辰趙懷玉刊〔三四〕。

淳祐玉峰志三卷續志一卷

宋陽羨進士淩萬頃叔慶、陳留邊實同撰。其續志則實撰。考昆山文獻以二書爲最古，見張氏藏書志。阮氏曾以進呈。

吴郡志五十卷

宋范成大撰。汲古本。墨海金壺本。守山閣本，附校勘記一卷。汪氏有大字宋本。紹定初廣德李壽朋刊本。昭文張氏有宋刊，配舊抄本〔三五〕。

新安志十卷

宋羅願撰。明翻宋刊本。康熙戊子歙黄氏刊本〔三六〕。

剡録十卷

宋高似孫撰。宋嘉定乙亥刊本。汪氏有影宋本。道光八年嵊令李式圃刊本。

嘉泰會稽志二十卷寶慶續志八卷

宋施宿等撰。明正德庚午仿宋刊本。近年山陰杜氏刊本。

嘉定赤城志四十卷

宋陳耆卿撰。明弘治丁巳謝鐸重刊本，昭文張氏藏。台州叢書本。宋刊黑口大字本，每頁廿二行〔三七〕，行廿字。

寶慶四明志二十一卷開慶續志十二卷

四明志宋羅濬撰，續志宋梅應發劉錫同撰。四明五志本。刊本。

澉水志八卷

宋常棠撰。刊本，附明董穀續志九卷。鹽邑志林本，二卷。

景定建康志五十卷

宋周應合撰。明嘉靖刊本。萬曆刊本。嘉慶六年蘇州刊本。黄丕烈有舊抄本。

景定嚴州續志十卷

宋鄭瑶、方仁榮同撰。黄丕烈有宋刊本前志，僅存首三卷，養心録有跋。姚若有影抄本。

咸淳臨安志九十三卷

宋潛説友撰。宋刊本，每半頁十行，每行大小二十字。道光十年杭州汪氏刊本，九十五卷，補缺一卷，札記三卷。

類編長安志十卷

元京兆路儒學教授薛延年校正，取宋敏求長安志芟繁撮要，增入金元沿革，分門類聚，故曰類編。張金吾藏荖竹堂舊抄。

重修琴川志十五卷

元盧鎮撰。鎮字子安，淮南人，至正間以領兵副元帥兼知常熟判事。琴川，常熟别名也。阮氏有刊本。汲古毛氏刊本。張金吾云，言耐思藏有元刊本。阮氏曾進呈。

至順鎮江志二十一卷校勘記二卷

不著撰人。丹徒包良丞刊〔三八〕，後附輿地紀勝内鎮江府一卷。張金吾云：此志凡一百門，詳贍該洽。

至元嘉禾志三十二卷

元徐碩撰。元刊本。姚若有舊抄本。張金吾亦有之。

大德昌國州圖志七卷

元馮復京、郭薦等同撰。四庫依抄本。四明五志本。

延祐四明志十七卷

元袁桷撰。四庫依抄本録。天禄後目有元刊本。四明五志本。

抄本崑山郡志六卷

元浦城楊德譓撰。字履祥，自號東溪老人，事蹟無考。元成宗元貞二年升崑山爲州，故曰郡志。見張金吾書志。阮氏曾以進呈。

齊乘六卷

元于欽撰。乾隆中周氏刊本。明嘉靖甲子四明杜思知青州翻刊元至正本。元至正十一年辛卯其子潛刊于浙。

至正金陵新志十五卷

元張鉉撰。平津館有至正四年刊本，每頁十八行，行十八字，内有明修補板。上海郁氏亦有之。又于上海肆中見一部，并有修板。張金吾有陳眉公舊藏元刊。

無錫縣志四卷

不著撰人。明刊本。

蘇州府志五十卷圖一卷

明洪武時刊本。郡人盧熊輯〔三九〕。損益舊志，釐然大備。張金吾藏書志。

姑蘇志六十卷

明王鏊撰。明正德丙寅刊本。

武功縣志三卷

明康海撰。正德己卯刊本。萬曆刊本。乾隆二十六年孫景烈刊本。得月簃刊本。風滿樓刊本。耿氏刊本。道光八年党氏刊本。

朝邑縣志二卷

明韓邦靖撰。道光四年南海葉夢龍刊本。得月簃叢書本。王元啓惺齋雜著有校正朝邑志，臆改不佳。

嶺海輿圖一卷

明姚虞撰。目中獨載此圖而不及諸全圖[四〇]，體例未純，不無可議。嶺南叢書本。嘉應吴氏校刊本。守山閣本。

滇略十卷

明謝肇淛撰。明萬曆刊本。新刊本。

吴興備志三十二卷

明董斯張撰。路小洲有抄本[四一]。

湖録一百五卷

國朝鄭元慶撰。原一百二十卷，未刊行。乾隆初修湖州府志用爲藍本。

皇輿表十六卷

康熙中學士揆叙等奉敕撰。内府刊本。

欽定熱河志八十卷

乾隆四十六年奉敕撰。道光八年新修承德府志更詳。

欽定日下舊聞考一百二十卷

乾隆三十九年奉敕撰。内府刊本。

日下舊聞四十二卷

國朝朱彝尊撰。六峰閣刊本。

宸垣識略十六卷

國朝吴長元撰。池北草堂刊巾箱本。

新疆志略十卷

道光中徐松撰本，松筠奏進。

皇清職貢圖九卷

乾隆十六年大學士傅恒等奉敕撰。提要入外紀，亦有案語。

乾隆府廳州縣圖志五十卷

國朝洪亮吉撰。無甚發明，特一統志節本，便於攜帶，較之世所通行廣輿記，稍雅飭耳。洪氏乾隆戊申刊本。

欽定盛京通志一百二十卷

乾隆四十四年阿桂等奉敕撰。實一百三十卷。

畿輔通志一百二十卷

國朝直隸總督李衛等監修。雍正乙卯刊。各省通志多有續修之本，每勝原本，四庫所載皆失矣。凡地志，上取其最古者，以其叙次之雅，下取其最新者，以其蒐採之詳。

江南通志二百卷

國朝兩江總督趙宏恩等監修。乾隆丙辰刊。

安徽通志二百六十卷

道光十年陶澍總修。

江西通志一百六十二卷

國朝江西巡撫謝旻等監修。雍正十年刊。

浙江通志二百八十卷

國朝浙江總督嵇曾筠等監修。乾隆丙辰刊。

福建通志七十八卷

國朝浙閩總督郝玉麟等監修。乾隆丁巳刊。

湖廣通志一百二十卷

國朝湖廣總督邁柱等監修。雍正癸丑刊。

湖北通志一百卷

嘉慶八年吴熊光等總修。

湖南通志二百二十八卷

嘉慶二十五年李堯棟總修。

河南通志八十卷

國朝河東總督王士俊等監修。雍正十三年刊。

豫東識小録一卷

國朝朱雲錦撰。嘉慶戊寅刊。

山東通志三十六卷

國朝山東巡撫岳濬等監修。乾隆丙辰刊。

山西通志二百三十卷

國朝山西巡撫覺羅石麟等監修。雍正甲寅刊。

陝西通志一百卷

國朝陝西總督劉於義等監修。雍正十三年刊。

甘肅通志五十卷

國朝甘肅巡撫許容等監修。乾隆丙辰刊。

四川通志四十七卷

國朝四川總督黄廷桂等監修。乾隆丙辰刊。嘉慶二十一年常明等重修本，二百二十六卷。

廣東通志六十四卷

國朝廣東巡撫郝玉麟等監修。雍正辛亥刊〔四二〕。道光二年阮元等重修本，三百三十卷。

廣西通志一百二十八卷

國朝廣西巡撫金鉷等監修。嘉慶六年謝啓昆重修本，二百七十九卷。

貴州通志四十六卷

國朝雲貴總督鄂爾泰等監修。乾隆辛酉刊。

歷代帝王宅京記二十卷

國朝顧炎武撰。嘉慶戊辰顧錫祉來賢堂刊本。蘇州府志：此書一名歷代都城宫闕考(四三)。

蕭山縣志刊誤三卷

國朝毛奇齡撰。西河全書本。

右地理類都會郡縣之屬

水經注四十卷

漢桑欽撰。單水經，説郛、漢魏叢書等本。明新安吴琯刊本。康熙甲午項絪玉淵堂本。天都黄晟翻項本。明嘉靖甲午黄省曾刊本。朱謀㙔校箋本，萬曆中刊。聚珍板本。閩中覆本。戴震改定本，微波榭刊。蘇杭縮聚珍本。昭文張氏有馮已蒼據柳大中影寫宋本校者，又以朱鬱儀校及謝耳伯所見宋本補校。

水經注集釋訂訛四十卷

國朝沈炳巽撰。四庫依抄本録。

水經注釋地四十卷水道直指一卷補遺一卷

國朝張匡學撰。嘉慶二年新安張氏刊。

水經注釋四十卷刊誤十二卷附録一卷

國朝趙一清撰。乾隆十九年趙氏刊本（四四）。

吴中水利書一卷

宋單鍔撰。墨海金壺本。守山閣本。

四明它山利備覽二卷

宋魏峴撰。明崇禎辛巳陳朝輔刊本。守山閣本。

河防通議二卷

元沙克什撰。守山閣本。

治河圖略一卷

元王喜撰。墨海金壺本。

上虞縣五鄉水利本末一卷

元陳恬撰。裒集自唐迄元，興廢沿革事實臚載甚備〔四五〕。愛日精廬藏本。

浙西水利書三卷

明姚文灝撰。道光四年刊。浙西備考八卷，王鳳生撰。

河防一覽十四卷

明潘季馴撰。明萬曆庚寅刊本。乾隆十三年刊本。奏議類之兩河經略即是書之第七卷至十二卷。

三吴水利録四卷

明歸有光撰。别下齋叢書本。

北河紀八卷紀餘四卷

明謝肇淛撰。明刊本。國朝閻廷謨有北河續紀八卷，四庫存目。

水利蒭言一卷

抄本，愛日精廬藏〔四六〕。明常熟李卿雲撰。論開濬白茆河事，正德辛巳刊本。

三吴水利考十六卷

明張内藴、周大韶同撰。刊本。

吴中水利書二十八卷

明張國維撰。崇禎丙子刊本。

崑崙河源考一卷[四七]

國朝萬斯同撰。指海本。

山東運河備覽十二卷

國朝陸耀撰。切問齋刊本。

靳文襄公治河方略八卷

即以奏績書爲底本重編，增卷首各圖。有東撫刊本。後又重刊小字本。

畿輔河道水利叢書十五卷共九種有圖

國朝吴邦慶撰集。道光四年刊本。

居濟一得八卷

國朝張伯行撰。正誼堂原刊本。

治河奏績書四卷

國朝靳輔撰。附河防述言一卷。四庫依抄本。

直隸河渠志一卷

國朝陳儀撰。畿輔河道水利叢書本。

畿輔安瀾志五十六卷

嘉慶十四年王履泰撰。進命武英殿聚珍板印行〔四八〕。

直隸河渠志一百二卷

國朝戴震撰。方觀承總督直隸時，屬仁和趙一清撰直隸河渠水利一百三十二卷，復屬東原删定爲此編，未刊行，入周元理家。嘉慶己巳，周氏之姻王履泰删併爲五十六卷，易名畿輔安瀾志，獻之朝。賞同知北河效用〔四九〕，仍命武英殿刊行，而趙書、戴書尚有傳抄本行世。友芝按：履泰書雖竊趙、戴，而戴氏後續載北河事案至嘉慶十二年止，亦非全據舊編也。

行水金鑑一百七十五卷

國朝傅澤洪撰。雍正三年淮揚道署刊本。續行水金鑑一百五十卷，圖一卷，道光十一年黎世序編撰，嚴烺、潘錫恩等編刊。

水道提綱二十八卷

國朝齊召南撰。乾隆丙申傳經書屋刊本。

海塘録二十六卷

國朝翟均廉撰。四庫依抄本。方觀承撰海塘通録二十卷，乾隆辛未刊，在瞿氏此書之前。

右地理類河渠之屬

籌海圖編十三卷

明胡宗憲撰。明天啓甲子刊本。

鄭開陽雜著十一卷

明鄭若曾撰。刊本。

東南防守利便三卷[五〇]

宋右迪功郎江南東路安撫使司準備差遣臣陳克、左宣教郎添差通判建康軍府提舉圩田臣吳若同進。寫本，首有吕祉進此書繳狀。

東南進取輿地通鑑三十卷

宋孝節先生趙善譽撰。取三國至梁陳東南攻守事，事爲之圖，圖後附以地理考及本事始末，蓋南渡後圖金陵而作，當是極有用書也〔五一〕。文淵閣未及著録，蓋佚久矣。上海郁氏宜稼堂所藏宋本每半頁十三行，行十九字。

防海備覽十卷

國朝薛傳源撰。嘉慶辛酉年刊。

苗防備覽二十二卷

國朝嚴如熤撰。嘉慶二十五年刊。

三省邊防備覽十四卷

國朝嚴如熤撰。道光二年刊。

洋防輯要二十四卷

國朝嚴如熤撰。亦道光初刊。

右地理類邊防之屬

南嶽小録一卷

唐道士李冲昭撰。明蔡汝楠刊本。孫星衍刊本〔五二〕。

南嶽總勝集三卷

宋道士陳田夫撰。田夫字耕叟，居南嶽九真洞老圃庵。是編從明人影宋本過録，徵引博而叙述簡，前有隆興甲申拙叟序，較李冲昭小録則詳備。阮氏曾進呈。

廬山記三卷附廬山紀略一卷

宋陳聖俞撰。守山閣本。

赤松山志一卷

宋倪守約撰。明刊本。道藏本。

西湖游覽志二十四卷志餘二十六卷

明田汝成撰。明萬曆甲申重刊本。國朝姚靖增删爲西湖志八卷，志餘十八卷。

桂勝十六卷桂故八卷

明張鳴鳳撰。萬曆庚寅刊本。

西湖志纂十二卷

國朝大學士梁詩正撰。乾隆乙亥賜經堂刊本。

泰山志二十卷

國朝金棨撰。嘉慶中刊。

南岳志八卷

國朝曠敏本等撰。乾隆癸酉刊。

洞庭湖志十四卷

國朝纂世基原本，夏大觀等輯訂。道光八年刊。

泰山道里記一卷

國朝聶欽撰。刊本。四庫存目。

右地理類山川之屬

洛陽伽藍記五卷

後魏楊衒之撰。漢魏叢書本。古今逸史本。津逮秘書本。明如隱堂刊本。緑君亭刊本。璜川吴氏活字印本。

吴地記一卷附后集一卷

唐陸廣微撰。古今逸史本。唐宋叢書無後集。鹽邑志林本。學海類編本。學津討原本，附備考一卷。

兩京新記一卷

唐韋述撰。原本五卷，見宋史藝文志。此一卷，在原書爲第三卷。所載坊寺宅觀園祠宇東西南北比次頗詳。日本人佚存，採在叢書中〔五三〕。阮氏以進呈。

長安志二十卷

宋宋敏求撰。明初刊本。經訓堂本。

洛陽名園記一卷

宋李格非撰〔五四〕。古今逸史本。津逮秘書本。學津討原本。海山仙館本。

雍録十卷

宋陳大昌撰。明嘉靖辛卯刊本。古今逸史本。

洞霄圖志六卷

宋鄧牧撰。知不足齋本。附洞霄詩集十四卷，元道士孟宗寶編。

長安志圖三卷

元李好文撰。明李經刊本。經訓堂本。

汴京遺蹟志二十四卷〔五五〕

明李廉撰。明嘉靖刊本。澹生堂餘苑本，十二卷。

雍勝略二十四卷〔五六〕

明萬歷丁酉刊。題梁谿李應祥善徵彙編，陽羨俞安期羨長同纂。以郡縣爲綱，徵述名勝，間附考證。四庫未收〔五七〕。

武林梵志十二卷

明吴之鯨撰。四庫依抄本。明刊本。

營平二州地名記一卷

國朝顧炎武撰。又名營平二州史事，六卷，其書不存，見提要。

金鼇退食筆記二卷

國朝高士奇撰。江村全書本。説鈴本。龍威秘書本。

石柱記箋釋五卷

國朝鄭元慶撰。康熙壬午魚計亭刊本。粤雅堂刊。

關中勝蹟圖志三十二卷

國朝陝西巡撫畢沅監修。小琅嬛仙館刊本。靈巖山館刊本。

右地理類古蹟之屬

南方草木狀三卷

晉嵇含撰。明刊本。百川學海本。漢魏叢書本。格致叢書本。龍威秘書本。宋麻沙本。

荊楚歲時記一卷

梁宗懔撰。漢魏叢書本。廣秘笈本。澹生堂餘苑本。

北户録三卷

唐段公路撰。學海類編、古今説海、格致叢書本皆不全，内府有元刊本。述古堂目抄本三卷。路本題崔龜圖注。

桂林風土記一卷

唐莫休符撰。澹生堂餘苑本。學海類編本。

嶺表録異三卷

唐劉恂撰。聚珍本。閩覆本。

益部方物略記一卷

宋宋祁撰。説郛本。秘册彙函本。津逮秘書本。學津討原本。

岳陽風土記一卷

宋范致明撰。説郛本。古今逸史本。明嘉靖刊本。

東京夢華録十卷

宋孟元老撰。明弘治刊本。稗海本。唐宋叢書本不全。津逮秘書本。學津討原本。

六朝事迹編類二卷

宋張敦頤撰。古今逸史本。嘉慶間沈兆澐刊本。道光辛丑張氏寶德堂刊本，有考證一卷。

會稽三賦三卷

宋王十朋撰。明初刊本。明南逢吉、尹壇删補舊注本，四卷。天啓辛酉烏程凌氏套板本，南逢吉注。湖海樓叢書本。道光乙未杜氏仿宋刊本。

中吴紀聞六卷

宋龔明之撰。明單刻本。學海類編本。珠叢别録本。知不足齋本。津逮秘書本。墨海金壺本。嘉慶壬申朱麟書校本。粤雅堂本。元刊本半頁十一行，行二十一字。胡心耘有校菉竹堂本，第六卷多翟超一條，其餘頗有異同，何焯勘定，極爲精審〔五八〕。

桂海虞衡志一卷

宋范成大撰。百川學海本。古今逸史本。唐宋叢書本。學海類編本。古今説海本。知不足齋本。石湖三録本。

嶺外代答十卷

宋周去非撰。知不足齋本。

都城紀勝一卷

題耐得翁撰。藝圃蒐奇本。曹楝亭刊本。

夢粱録二十卷

宋吴自牧撰。澹生堂餘苑本。學海類編本。知不足齋本。學津討原本。明楊循吉删本，不全。朱竹垞得足本，刊于吴下。

武林舊事十卷

宋周密撰。明正德宋廷佐刊本，六卷。嘉靖杭守陳珂刊本。崇禎刊本。澹生堂餘苑本。秘笈本。知不足齋本，佳。朱廷焕增補武林舊事八卷。千頃堂目，前武林舊事六卷。後武林舊事五卷〔五九〕。

歲華紀麗譜一卷附箋紙一卷蜀錦譜一卷

元費著撰。學海類編本。津逮秘書本。康熙中顧嗣立刊閭邱辨囿本。墨海金壺本。

吴中舊事一卷

元陸友仁撰。函海本。墨海金壺本。

平江紀事一卷

元高德基撰。墨海金壺本。

江漢叢談二卷

明陳士元撰〔六〇〕。藝海珠塵本。

閩中海錯疏三卷

明屠本畯撰。藝海珠塵本。學津討原本。

益部談資三卷

明何宇度撰。學海類編本。

蜀中廣記一百八卷

明曹學佺撰。刊本。

顔山雜記四卷

國朝孫廷銓撰。孫氏四種本。康熙中刊。

廣東新語二十八卷

屈大均撰〔六二〕。木天閣原刊本。李調元于乾隆丁酉視學其地，得其刊本，略爲改竄，攘爲己作，改名粤東筆記，刊入函海。

嶺南叢述六十卷

國朝鄧淯撰。道光庚寅刊本。

臺海使槎録八卷

國朝黄叔璥撰。乾隆丙辰刊本。

龍沙紀略一卷

國朝方式濟撰。借月山房彙鈔本。澤古齋叢鈔本。

東城雜記二卷

國朝厲鶚撰。杭州汪氏刊。粤雅堂刊。

右地理類雜記之屬

游城南記一卷

宋張禮撰。學海類編本。廣秘笈本。

抄本游志續編二卷

元陶九成編。前有宋天台陳仁玉游志編序，并因是書繼仁玉作，故曰續，見張氏藏書志。

阮氏以進呈。

河朔訪古記二卷

元納新撰。守山閣本。璜川吴氏活字印〔六二〕。

天下名山勝概四十八卷圖一卷附録一卷

不著編輯人，因何鏜游名山記、慎蒙名山諸勝一覽記而推廣之，搜羅前人游歷序記之文，分省編載，至爲詳博，讀之可當卧游。明刊本。

徐霞客游記十二卷

明徐宏祖撰。楊文定公原訂刊本。乾隆丙申徐氏重刊本。嘉慶十三年葉氏增校，附編一卷。邵亭有汲古閣舊抄本〔六三〕。

孫文定公南游記一卷〔六四〕

國朝孫嘉淦撰。嘉慶乙丑刊。道光甲辰重刊。

右地理類游記之屬

佛國記一卷

宋釋法顯撰。漢魏叢書本。唐宋叢書本。秘册彙函本。津逮秘書本。學津討原本。佛藏本，在兵字八號。陽湖孫氏有明初聚寶門來定樓姜家刊本，作法顯傳一卷。

大唐西域記十二卷

唐釋玄奘譯，辨機撰。吴氏刊本。墨海金壺本。守山閣本。明南、北佛藏二本。支那本。後板缺二卷，故所印只八卷。

宣和奉使高麗圖經四十卷

宋徐兢撰。明姚士遴刊本。知不足齋本。天禄後目有宋刊本。昭文張氏有毛斧季舊抄本。以宋刊本校，後附徐兢行狀。引領嘆慕至以下脱一頁，鮑本與海鹽鄭休仲本同，此本據宋刊校補，二百五十三字乃完善。

諸蕃志二卷

宋趙汝适撰。函海本。學津討原本。

長春子游記二卷

元李志常記其師邱處機西游事蹟。孫錫序云：凡山川道里之險易，水土風氣之差殊，與夫衣服飲食百果草木禽蟲之别〔六五〕，靡不畢載。末附録當時詔敕等篇。處機字通密，又號長春子，棲霞人，金大定時曾自終南召赴闕，後放還山。及元太祖時，嘗召至雪山之陽，後居燕天長觀。此册足資考證，即其詩亦可誦。阮氏曾進呈。

溪蠻叢笑一卷

宋朱輔撰。説郛本。夷門廣牘本。古今説海本。格致叢書本。學海類編本。

真臘風土記一卷

元周達觀撰。百川學海本。歷代小史本。古今説海本。古今逸史本。錢氏敏求記云有舊抄本，可證説海中刊本之訛。

海國圖志五十卷

國朝魏源撰。原名四洲志，西洋人原撰。林則徐譯出，魏源增輯歷代海國沿革。道光癸卯活字版印本。己酉刊本六十卷〔六六〕。

島夷志略一卷

元王大淵撰。提要云無刊本。

朝鮮賦一卷

明董越撰。明刊本。

衛藏圖識五卷

國朝盛繩祖撰。乾隆末年刊本。

西域聞見録八卷

不著撰人。但題椿園氏。刊本。

海語三卷

明黄衷撰。秘笈本。學津討原本。紛欣閣叢書本。嶺南叢書本。吴蘭修刊本。

瀛環志略十卷

國朝徐繼畬撰刊。

東西洋考十二卷

明張燮撰。明萬曆戊午本。惜陰軒叢書本。坊刊本。明鞏珍撰西洋番國志一册，有抄本。珍，副鄭和使西洋者也。

職方外紀五卷

明西洋艾儒略撰。明刊本。墨海金壺本。守山閣本。

赤雅三卷

明鄺露撰。知不足齋本。龍威秘書本。

新釋地理備考十卷

大西洋瑪士撰。廣東潘士成刊。

西招圖略一卷

國朝松筠撰。刊本。

廣輿圖二卷

明刊。嘉慶中江西張氏刊元朱思本，原本。明羅從先等續輯西域圖，極精確，方輿紀要中圖説即用此爲藍本。錢曾敏求記有明代統輿圖二卷，云各省以及邊防、海道、河防、漕運、外夷悉備，圖如蚊睫，字若蠅頭，繕寫三年而後成。又云寶護此書，便可壓倒海内藏書家。據此知明代輿圖未嘗不精工細緻也。但非刊板，易於失傳耳。又明刊歷代地理指掌圖，托名蘇軾，無卷數，凡圖五十餘，後有總論。

朝鮮志二卷

不著撰人。藝海珠塵本。

康熙地圖分省分府小葉本計一百十□葉

即圖書集成内地圖所載，鎮堡小名細若牛毛，與大葉本不異，但未嘗著經緯度數及無邊外諸圖耳。

坤輿圖志二卷

國朝西洋南懷仁撰。指海本。

異域録一卷

國朝圖理琛撰。雍正元年刊。渾古齋叢鈔本。指海本〔六七〕。

乾隆十三排地圖

此圖南至瓊海，北至極俄羅斯北海，東至東海，西至地中海，西南至五印度南海，合爲一圖，經横數丈，而剖分爲十三排，合若干葉，每葉注明經緯度數，蓋本康熙圖，而制極其精，推極其廣，從古地圖未有能及此者也。徐星伯有此本，相傳爲乾隆初年所作，此及康熙二圖皆内府銅板精刻，而外間流傳甚少，乾隆本尤罕見。又方略館有西北各邊地圖，刊本，大盈數丈，皆滿洲字，今内府此等圖板恐皆不存，即有亦久不摹印矣。

海國聞見録二卷

國朝陳倫炯撰。乾隆九年刊。藝海珠塵本。

右地理類外紀之屬

【校勘記】

〔一〕藏園本脱此行字。

〔二〕此條訂補本無。

〔三〕莫友芝《持静齋藏書記要》上卷此句作「明刊，據宋淳熙元年趙磻老盧州本」。

〔四〕汝陽趙賢編：藏園本、訂補本均無。

〔五〕明李先刊本六卷：此爲莫繩孫後補之文字。

〔六〕吴勉學：原脱「學」，據藏園本、訂補本補。

〔七〕藏園本、訂補本此後增「近杭州刻本」。又，莫氏《持静齋藏書記要》卷上記是書云：「《岳忠武王文集》十卷，珂悉載《粹編》中，爲卷之十至十九。《四庫》録忠武遺文僅一卷，爲明徐階所編，謂十卷本已不傳。檢核是編，固完善無恙也。欣喜記之。」

〔八〕此條藏園本、訂補本均失收。
〔九〕普秘笈本：藏園本、訂補本均作「廣秘笈本」。
〔一〇〕二十卷：原脱「十」字，據藏園本、訂補本補。
〔一一〕相成之：藏園本、訂補本均在「之」字之後有「子」字。
〔一二〕藏園本、訂補本均無句首之「于」字。
〔一三〕中二十五卷：「二」與「十」之間衍「五」字，删。
〔一四〕售宋本：藏園本、訂補本均作「稱宋本」。
〔一五〕章穎：原作「張穎」，據訂補本改。
〔一六〕翻刻：藏園本、訂補本等均作「翻刊」。
〔一七〕藏園本、訂補本此下有：「道光二十九年賀鳴謙刊本，似擺字本。」
〔一八〕莫友芝《持静齋藏書記要》上卷記此書云：「今嘉靖癸亥日本人活字印本，猶是元人舊帙，較《四庫》八卷爲足。」
〔一九〕徐象梅：原誤作「徐學聚」，藏園本同，據訂補本改。
〔二〇〕殘帙：藏園本和訂補本均作「殘頁」。
〔二一〕藏園本、訂補本此下有：「日本活字本。」
〔二二〕藏園本和訂補本此下增：「朝鮮刻本」。
〔二三〕訂補本脱「津逮秘書本。唐宋叢書本」。
〔二四〕内府刊本：藏園本和訂補本均脱。

〔二五〕藏園本此下增「近江寧刻本、廣東刻本。」訂補本注：「原本無，印本入正文。」
〔二六〕藏園本此下增「近刊本。」訂補本注：「原本無，印本入正文。」
〔二七〕藏園本和訂補本此下均增：「近刊本」。《持静齋藏書記要》上卷記此書曰：「至嘉道間始得舊鈔，傳録甚不易。咸豐中，南海伍崇曜始刊此本。中缺二十七卷，無從補完。」
〔二八〕藏園本、訂補本均失收此書。
〔二九〕藏園本此下增「近刊本」。
〔三〇〕藏園本此下增「近刊本」。
〔三一〕藏園本同。訂補本則獨立爲兩書目分釋，在「歷代地理志韻編今釋二十卷」之下增：「清同治九年刊李氏五種本。清光緒十四年掃葉山房刊本。清光緒十八年金陵書局刊本。」
〔三二〕包良丞刊：「丞」原誤作「臣」，藏園本同，據訂補本改。
〔三三〕藏園本、訂補本于此下增：「又缺十一卷第一頁，又二十卷少六、七兩頁」。
〔三四〕此下藏園本又增：「近人收吴枚庵舊藏宋本，缺處與趙刻同。曾收趙本，經人校，其十一卷闕葉已補填。」訂補本對此注曰：「原稿無，印本入正文。」又，「闕第三十卷」，藏園本和訂補本均作「缺第二十卷」。
〔三五〕配舊鈔本：藏園本和訂補本均作「配陳抄本」。
〔三六〕藏園本此下增「李爰得刻本」。
〔三七〕每頁廿二行：原脱「二」字，據藏園本、訂補本補。
〔三八〕包良丞：「丞」原誤作「臣」，藏園本同，據訂補本改。

〔三九〕盧熊輯：原作「盧熊韓」，且用朱筆在「韓」字劃一短横示疑，據藏園本、訂補本改。

〔四〇〕獨：原作「或」，用朱筆删去，又在該行上書眉處書一「獨」，以示改正。藏園本、訂補本均脱此「獨」字。

〔四一〕有抄本：藏園本、訂補本均作「刻本」。

〔四二〕辛亥刊：藏園本和訂補本均誤爲「辛卯刻」。清雍正朝無「辛卯」年，據雍正本刊刻時間改。

〔四三〕訂補本此句末有「也」字。

〔四四〕藏園本、訂補本此下增：「趙氏板後歸振綺堂汪氏。」

〔四五〕甚備：藏園本和訂補本均作「甚略」。

〔四六〕訂補本將「抄本，愛日精盧藏」置于末尾。

〔四七〕此條之上原有「欽定河源紀略三十六卷」，後用朱筆删去。訂補本衍此條。

〔四八〕進命：藏園本、訂補本均脱「進」字。

〔四九〕賞同知北河效用：藏園本、訂補本均作「王履泰發北河效用」。

〔五〇〕利便：原作「刊便」，原用朱筆在「刊」字右側畫竪綫示疑。據藏園本、訂補本改。

〔五一〕當是：原作「是當」，藏園本同，據訂補本改。

〔五二〕藏園本、訂補本此誤爲「知服齋本」。

〔五三〕日本人佚存，採在叢書中：藏園本、訂補本均作「在日人佚存叢書中」。

〔五四〕「李格非」：「李」字原僅寫作「小」，今據藏園本、訂補本改。

〔五五〕藏園本、訂補本均有此條，然而解題却誤爲下條「雍勝略」下。

〔五六〕雍勝略二十四卷：藏園本誤爲「汴京遺迹志二十四卷」。

〔五七〕訂補本對此有按語：「此是莫氏記雍勝略之文，誤置于此。」然繩孫抄本實不誤。

〔五八〕極爲精審：藏園本、訂補本均作「精爲考審」。

〔五九〕藏園本、訂補本此下均增：「乾隆丁酉夙夜齋刻」。

〔六〇〕陳士元：藏園本、訂補本均誤爲「陳士亢」。

〔六一〕訂補本「屈大均」前有「清」字。

〔六二〕活字印：藏園本、訂補本均作「活字本」。

〔六三〕此頁另有莫繩孫光緒乙亥年紅色浮簽注語云：「汲古閣舊抄本，題曰徐霞客西游記，友弟季夢良會明甫校録。按乾隆丙申霞客族孫鎮校刊是書時所附《諸本異同考異》，首舉季本，注云：『此最初録本，未見。』次舉史夏隆本，注『補傳』。又次則舉李介立本、奚又溥本、楊天賜本、梧塍徐氏本、邑中夏氏本、奚氏又一本，凡六本，因據以校異同。是季本傳世僅此汲古閣舊抄孤本，尤可貴也。光緒乙亥，繩孫附注。」

〔六四〕原誤作「孫右地理類游記之屬」，今據藏園本、訂補本校改。

〔六五〕禽蟲：藏園本、訂補本均作「禽獸」。

〔六六〕藏園本、訂補本此下增：「咸豐壬子刻定」。又，「已酉刊本」，藏園本、訂補本誤作「已酉丁未刻本」。

〔六七〕藏園本、訂補本此下增「借月山房刻」。

郘亭知見傳本書目卷六

史部十二　職官類

唐六典三十卷

唐玄宗明皇帝御撰，李林甫奉敕注。明正德乙亥重刊本，有王鏊序，半頁十一行，行二十字。嘉靖甲辰浙江按察司刊本。嘉慶庚申掃葉山房刊本。宋有紹興甲申刊本，題曰大唐六典。

翰林志一卷

唐李肇撰。説郛本。歷代小史本。百川學海本。

麟臺故事五卷

宋程俱撰。聚珍本。閩覆本。浙縮本。昭文張氏有舊抄本三卷，可證大典缺誤。其命篇次序多有異同，多出書籍、校讎、國史三目。

翰苑群書二卷〔一〕

宋洪遵編。學海類編本。知不足齋本二卷〔二〕。

南宋館閣録十卷續録十卷

宋陳騤撰。原題中興館閣録。黄丕烈有宋刊本。張目有舊抄本。

玉堂雜記三卷

宋周必大撰。周益公大全集本。百川學海本。明周藩刊本[三]。津逮秘書本。學津討原本。

宋宰輔編年録二十卷

宋徐自明撰。宋寶祐間徐居誼刊本。明刊本[四]。

秘書監志十一卷

元王士點、商企翁同撰。邵亭有舊抄本。

翰林記二十卷

明黄佐撰。嶺南遺書本。

禮部志稿一百十卷

明泰昌元年官撰。浙江採遺書録一百卷，係抄本。

欽定歷代職官表七十二卷

乾隆四十五年奉敕撰。道光十二年重修八十二卷刊行，以前并無刊本。

樞垣紀略十六卷

國朝梁章鉅撰。道光十五年刊。

右職官類官制之屬

州縣提綱四卷

不著撰人。函海本。學津討原本。長恩書室本。

臣軌二卷[五]

唐武后撰。分國體、至忠、守道、公正、匡諫、誠實、慎密、廉潔、良將、利人，凡十章。是編自鄭樵通志後著録久佚。日本人以活字印入佚存叢書中，末題垂拱二年，乃日本人妄增也[六]。阮氏以進呈。近年别有刊本，在傳望樓金帚編中。

作邑自箴十卷

宋李元弼撰。自序末題政和丁酉秋七月李元弼持國待次廣陵書[七]。明錢穀影宋抄本，第十卷尾行云：「淳熙己亥中元，浙西提刑司刊」。自序後題云：「甲戌八月，假趙氏宋刊本覆一過，錢穀記。」十卷尾記云：「康熙丙寅中秋前四日，覲庵陸貽典在愛石書棚收」〔八〕。同治初丁禹生獲此本于蘇州，曾以活字印數本，舛錯難行。郘亭依元抄校存一本。此書四庫未收。

官箴一卷

宋吕本中撰。明成化戊子邢讓重刊本。説郛本。百川學海本。學津討原本。宋寶祐丁亥刊本。

百官箴六卷

宋許月卿撰。天一閣有刊本六卷。

晝簾緒論一卷

宋胡太初撰。百川學海本。説郛本。學津討原本。宋淳祐壬子刊本。

三事忠告四卷〔九〕

元張養浩撰。明洪武二十三年任士宏刊本。宣德六年李驥刊本。明鄭瑛刊本。貸園叢書本。道光間郭尚先寫刊本。道光辛卯尹濟源仿元刊本，題爲政忠告。

培遠堂文檄偶存稿四十八卷

國朝陳宏謀撰。陳氏刊本。

學治臆説二卷續説一卷説贅一卷佐治藥言一卷續一卷

國朝汪輝祖撰。龍莊全書本。知不足齋本。後刊本甚多。

右職官類官箴之屬

史部十三　政書類

通典二百卷

唐杜佑撰。明嘉靖戊戌方獻夫刊本。又嘉靖中李元陽刊，增入諸儒議論本。殿本。平津館有至元丙戌刊，增入諸儒杜氏通典詳節四十二卷，無撰人。宋刊小字本。一舊本，明尚寶少卿袁忠徹藏者，半頁十一行，行二十字，市者以爲宋刊，蓋元明翻刻也。明本有十行，行二十三字者，較李本少錯字。

唐會要一百卷

宋王溥撰。聚珍板本。又活字本。

太平寶訓政事紀年五卷

以富弼三朝政要、林希兩朝寶訓爲藍本，而附益以國朝會要、事實類苑等書〔一〇〕。始太祖，迄高宗，稱高宗爲太上皇，則孝宗時人編輯也。昭文張氏有抄本。

五代會要三十卷

宋王溥撰。聚珍板本。閩覆本。墨海金壺本。邵亭有舊抄本。

宋朝事實二十卷

宋李攸撰。聚珍本。閩覆本。墨海金壺本。

建炎以來朝野雜記四十卷

宋李心傳撰。聚珍本。閩覆本。函海本。宋成都辛氏刊本殘本，六卷，在昭文張氏，分卷與聚珍本異〔一一〕。

西漢會要七十卷

宋徐天麟撰。宋嘉定乙亥刊本，半頁十一行，行二十字，見滬肆。聚珍本。閩覆本。道光二年南城胡森刊本。吳門近有活字本〔一二〕。

東漢會要四十卷

宋徐天麟撰。四庫據傳抄宋本，闕三十七、三十八兩卷，又三十六、三十九兩卷各佚其半。宋寶慶丙戌刊本，半頁十一行，行二十字，四庫所闕四卷，此本皆全，亦滬肆出。劉茮雪有不全抄本，于四庫所闕獨完。路小洲藏宋刊，想亦足本。今海昌蔣氏得闕卷，刊入校補偶録。汪小米家明人抄本全。聚珍本。閩覆本。吴門有活字板本。道光二年南城胡森刊本。

宋會要一百五十卷

宋章得義撰。俞燮癸巳類稿有輯本，跋詳原委，似從大典中輯出。徐星伯嘗爲余言：此書似尚未成。張廉卿言：咸豐初爲陸鍾漢購得一抄本，三年其家抄没，不知所歸。

漢制考四卷

宋王應麟撰。附玉海元刊本。今刊本。津逮秘書本。學津討原本。

漢唐事箋十二卷後集八卷〔一三〕

元朱禮撰，禮事蹟無考。阮氏有元至正刊本。今道光二年亦有刊本。其論漢唐政典，求實是，無蕪蔓，往往有微言精義，發前人所未發。阮氏曾進呈。

元典章前集六十卷附新集無卷數

不著撰人。四庫存目。昭文張氏有曝書亭抄本。

大元聖政典章新集至治條例

至治二年新集。舊抄本亦張氏藏。

文獻通考三百四十八卷

元馬端臨撰。元刊大板本，半頁十三行，行二十六字。殿本。明内府刊大字本。明正德十六年劉洪刊本。明馮天馭刊小字本。明慎獨齋刊本〔一四〕。弘治中何喬新單刊經籍考七十六卷。元刊本，至大戊申李思序，延祐六年王壽衍進書表，至治二年下樂平州判刊印指揮，至元又五年江浙等處儒學提舉余謙序記。

明朝典彙二百卷

明徐學聚撰(一五)。自洪武迄隆慶，上採實録，下及稗乘，凡二百門。四庫存目。

明會典一百八十卷

明弘治十年徐溥等奉敕撰。萬曆重修二百二十八卷。俱明内府刊本。

七國考十四卷

明董説撰。守山閣刊本(一六)。

欽定大清會典一百卷

乾隆二十九年奉敕撰。嘉慶二十三年重修本八十卷，仿周官叙述，提綱分注，精核遠勝舊本。

欽定大清會典則例一百八十卷

乾隆二十六年與會典同修。嘉慶增修，改名會典事例，計九百二十卷，又圖説一百三十二卷。

欽定續文獻通考二百五十卷

乾隆十二年奉敕撰。官刊本。

續文獻通考二百五十四卷

明王圻撰。萬曆刊本。四庫存目。

欽定皇朝文獻通考二百六十六卷

乾隆十二年奉敕撰。官刊本。

欽定續通典一百四十四卷

乾隆三十二年奉敕撰。官刊本。

欽定皇朝通典一百卷

乾隆三十二年奉敕撰。官刊本。

欽定皇朝通志二百卷

乾隆三十二年奉敕撰。官刊本。皇朝三通合新撰續三通與舊三通謂九通。

右政書類通制之屬

漢官舊儀一卷補遺一卷

漢衛宏撰。聚珍本。閩覆本。蘇杭縮本。内刊十行本。

大唐開元禮一百五十卷

唐蕭嵩等奉敕撰。四庫依抄本録。天禄後目有影宋抄本。

大唐郊祀録十卷

唐王涇撰。錢塘何氏舊抄本，一至三曰凡例，四至七曰祀禮，九、十曰饗禮。涇題銜云：「唐朝散郎前行河南府密縣尉太常禮院修撰」，見昭文張氏目。

太常因革禮百卷

宋歐陽修等撰。阮氏有抄本，缺五十一至六十七，凡存八十三卷，亦多缺文，曾以進呈。以四庫未收也〔一七〕。

謚法四卷

宋蘇洵撰。明楊志仁刊本。珠叢别録本。墨海金壺本。附嘉祐集本。

政和御製冠禮十卷五禮新儀二百二十卷

宋鄭居中等奉敕撰。敏求記此書二百四十卷，似無闕。朱修伯家天一閣舊抄本。朱竹君家舊抄本，有畢亨跋，較四庫本多八九卷，後歸葉潤臣家。

紹熙州縣釋奠儀圖一卷

宋朱熹撰。指海本。元大德間何元春編輯刊本，八卷。

南宋中興禮書二十四册

徐星伯從永樂大典内輯出，後歸葉潤臣家。武昌張裕釗廉卿亦有抄本。

大金集禮四十卷

四庫依抄本録。錢遵王有金人抄本，云諸家書目俱不載，後歸何義門，見昭文張氏書志〔一八〕。

明集禮五十三卷

明徐一夔等奉敕撰。明嘉靖中刊本。

頖宫禮樂疏十卷

明李之藻撰。萬曆中馮時采刊本。

明謚考三十卷

明葉秉敬撰。提要入存目，湖本簡目亦然無〔一九〕。

明謚記彙編二十五卷

明郭良翰撰。明刊本。

明宫史五卷

舊本題蘆山赤隱吕毖校次，蓋明季宦官也。此書一名酌中志。學津討原本。

幸魯盛典四十卷

衍聖公府。原刊本。

萬壽盛典一百二十卷

康熙中五十二年内廷諸臣所編。官刊本。圖中戴暖帽者佳，凉帽者次之。

欽定大清通禮五十卷

乾隆元年奉敕撰。道光四年重修五十四卷，官刊本，蘇杭官本〔二〇〕。

南巡盛典一百二十卷

乾隆三十一年兩江總督高晉撰。官刊本。

皇朝禮器圖式二十八卷

乾隆二十四年奉敕撰。官刊本。

八旬萬壽盛典一百二十卷

提要多此條〔二二〕，次歷代建元考上，湖本簡目亦無之。

歷代建元考十卷

國朝鍾淵映撰。墨海金壺本。守山閣本。

北郊配位議一卷

國朝毛奇齡撰。西河全書本。藝海珠塵本。

廟制圖考一卷

國朝萬斯同撰。群書疑辨本〔二二〕。

右政書類儀制之屬

救荒活民書三卷

宋董煟撰。珠叢別録本附拾遺一卷〔二三〕。

熬波圖一卷

元陳椿撰。永樂大典本。

捕蝗考一卷

國朝陳芳生撰。學海本。藝海珠塵本。借月山房本。道光戊申瓶花書屋刊本。長恩書室刊本。

荒政叢書十卷

國朝俞森編輯。墨海金壺本。守山閣本。瓶花書屋本。長恩書室本。

欽定康濟録六卷

國朝倪國璉撰。内府刊本。外省覆本。道光戊申瓶花書屋刊本。

荒政輔要九卷

國朝汪志伊撰。嘉慶十一年刊本。又許氏刊本。

右政書類邦計之屬

歷代兵制八卷

宋陳傅良撰。墨海金壺本。守山閣本。道光戊申瓶花書屋刊。長恩書室刊。

補漢兵志一卷

宋錢文子撰。盛百二刊本。知不足齋本。

馬政紀十二卷

明楊時喬撰。明刊本。

八旗通志初集二百五十卷

雍正五年奉敕撰。内府刊本。乾隆末年重纂本卷數較多。

右政書類軍政之屬

律文十二卷音義一卷

昭文張氏藏影宋抄本，曰名例，曰衛禁，曰職制，曰户婚，曰厩庫，曰擅興，曰盜賊，曰鬥訟，曰詐僞，曰雜律，曰捕亡，曰斷獄，凡十二律，爲十二卷。後有「天聖七年准敕送崇文院雕造」一行。此書直齋著録。音義宋孫奭等撰，歷代異名沿革皆著之，卷末列孫奭、馮元、宋祁等銜。阮氏曾以進呈。

唐律疏義三十卷

唐長孫無忌等奉敕撰。岱南閣叢書仿元至正刊本，附宋洗冤録，嘉慶丁卯刊，善。昭文張氏有元至順間余氏勤有堂刊本，附釋文纂例，元王元亮重編〔二四〕。宋刊有大字本。張氏目載元本釋文，此山貰冶子撰，時代未詳。元奉訓大夫江西等處行中書省檢校官王元亮重編，纂例王元亮撰，柳貫序〔二五〕，後有「至順壬申五月印行」一行。釋文序後有「至正辛卯孟春重校」一行，又有「崇化余志安刊於勤有堂」木記〔二六〕。

永徽法經三十卷

元鄭汝翼撰。永樂大典本。提要稱其精密，無貶詞，而入存目，不可解。

至正條格二十三卷

元順帝時官撰。永樂大典本。入存目。

刑統賦一卷

元傅霖撰。續一卷，楊淵撰。錢遵王有元刊本。

讀律私箋二十四卷

明王樵撰。

慶元條法事類八十卷附開禧重修尚書吏部侍郎右選格二卷

條法即宋史寧宗紀嘉泰二年，謝深甫等上慶元條法事類是也。右選格蓋即宋史所載，開禧重修七司法。文淵書目著録二十册殘本歟？見昭文張氏志。

刑統賦解二卷

曹倦圃藏舊抄本。宋左宣德郎律學博士傅霖撰，元東原郄（名缺，述古書目作秉原）韻釋，益都王亮增注，趙孟頫序，查慎行跋。

刑統賦疏一卷

元人抄本，取傳賦爲之疏，可與元典章及元史刑法志相參。

粗解刑統賦一卷

元鄒孟奎解。并見昭文張氏志。

大清律例四十七卷

乾隆五年大學士三泰等奉敕撰。官刊本。又隨時增修本。陸泰來箋釋三十卷。姚潤統纂集成三十九卷。

右政書類法令之屬

營造法式三十四卷

宋李誡奉敕撰。山西楊氏新刊叢書本。昭文張氏有影宋刊本，末有「平江府今得紹聖營造法式舊本并目録勘詳共一十四册，紹興十五年五月十一日校勘重刊」一條。

工程做法七十四卷

雍正四年果親王等奏准頒行〔二七〕。官刊本。

河工器具圖説四卷

國朝麟慶撰。道光丙申刊本。

欽定武英殿聚珍版程式一卷

聚珍版本。閩覆本。湖縮本。

安瀾紀要二卷迴瀾紀要二卷

國朝徐端撰。刊本。

右政書類考工之屬

史部十四　目録類

崇文總目二十卷

宋王堯臣等奉敕撰。天一閣有抄本六十五卷。錢氏校補本五卷，附録一卷。汗筠齋刊。粤雅堂刊錢東垣本六卷。

秘書省續編到四庫闕書二卷

昭文張氏舊抄本。紹興□年改定。通志藝文略、玉海、郡齋志、直齋録所論皆相合。

郡齋讀書志四卷後志二卷考異一卷附志二卷

宋晁公武撰。後志公武撰，趙希弁重編，考異附志則希弁所撰。陳氏刊小字本。

衢本郡齋讀書志二十卷

宋晁公武撰，其門人姚應績編。較四庫之原本收書倍之，解題亦多至數倍。嘉慶己卯汪士鐘刊本，顧千里云：汪刻本小學類中當畫分六段，自第二段以下皆錯簡也。阮氏曾獲舊抄本，依寫進呈。此書宋刊在淳熙己酉南充游鈞知衢州時，與淳祐庚戌鄱陽黎安朝守袁州所刊兩本并行，吾獨山蔡教授兆馨家有宋板衢本。

遂初堂書目一卷〔二八〕

宋尤袤撰。説郛本。海山仙館本。

子略四卷目録一卷

宋高似孫撰。百川學海本。學津討原本。照曠閣本〔二九〕。

直齋書録解題二十二卷

宋陳振孫撰。聚珍本。閩覆本。蘇杭縮四本。抱經堂盧氏有新訂此書五十六卷，係從不全本重爲校訂，似未刻。明有萬曆武林陳氏刊本。昭文張氏有舊抄殘本楚詞類一卷，別集類三卷，乃其原本。

漢藝文志考證十卷

宋王應麟撰。附玉海元刊本。今刊本。

文淵閣書目四卷

明楊士奇撰。讀畫齋刊本二十卷，萬曆中張萱重編，名内閣藏書目録。千頃堂書目作十四卷。

授經圖二十卷

明朱睦㮮撰。明朱氏原刊本。龔氏玉玲瓏閣康熙時刊本。李氏惜陰軒叢書本，道光十九年刊。

寶文堂分類書目三卷

明晁瑮撰。每書下間著名某刻，可考見明人板刻源流。存目有〔三〇〕。

國史經籍志六卷

明焦竑撰。明萬曆庚寅金陵刊本。又曼山館刊。存目有。

欽定天禄琳琅書目十卷

是書皆寫本相傳，未見刊本。後編二十卷係嘉慶十四、五年間纂成，孫芝房有抄本。前目世多傳抄，后目罕見〔三二〕。

欽定四庫全書總目提要二百四卷

内府刊本。浙江湖州先刊小本。

欽定四庫全書簡明目録二十二卷

此本即趙懷玉録初稿，乾隆四十九年先在杭州刊者。後乾隆六十年湖州又刊大字解題本，附提要之後，增損者數十條，蓋後來定本也。然亦間有提要增而湖本未及增者數條。

汲古閣珍藏秘本書目一卷

明毛晋藏子扆録。嘉慶庚申黄丕烈刊本。

季滄葦書目一卷

黄丕烈刊。

天一閣書目十卷

明范欽所藏，其後人懋柱編録。嘉慶戊辰阮氏刊。

讀書敏求記四卷

國朝錢曾撰。乾隆十年趙氏刊本。六十年重刊本。阮氏道光時刊本，多數條。友芝于丁禹生許見遵王手稿本，校兩刊本又多十餘條。又有述古堂書目抄本，未分卷〔三二〕。

千頃堂書目三十二卷

國朝黄虞稷撰。鮑氏傳寫本，有五色〔三三〕。胡心耘有知不足齋批校本。

經義考三百卷

國朝朱彝尊撰。乾隆乙亥盧氏雅雨堂刊本。乾隆五十七年翁方綱撰經義考補正十二卷刊之。

絳雲樓書目□卷

抄本。

曝書亭書目一册

抄本。

浙江採遺書録十册以甲乙丙丁分記。又閏集一册乾隆甲午刊。

研經室外集五卷

國朝阮元撰。凡四庫未收古書一百七十五種，先後以進呈，此其所撰提要也。阮氏刊本。

違礙書目一册

乾隆五十三年官刊，頒行。

平津館藏書記三編三卷補一卷續一卷廉石居藏書記二卷

國朝孫星衍所藏。道光十八年陳氏刊本。

孫氏祠堂書目七卷

平津館刊本。

愛日精廬藏書志三十六卷續四卷

道光六年昭文張金吾撰刊。

小學考五十卷〔三四〕

嘉慶丙子謝啓昆撰刊。

百宋一廛賦注一卷

國朝顧廣圻撰賦，黄丕烈注之，備述丕烈家所收宋本。黄氏刊本。又見思適齋集。

文瑞樓書目十二卷

國朝金壇撰。讀畫齋叢書刊本。

傳是樓書目□卷

抄本。

來雨樓書目二卷

國朝周厚堉編。抄本。

鄭堂讀書日記三十四册稿本

國朝烏程周中孚撰。蓋嘉道間人，讀一書必爲解題一篇，條其得失，議論頗能持平，亦好學深思之士也。經部十四卷，諸經皆略具，唯缺易及小學雅故字書，史部二十二卷，子部三十三卷，尚無大缺逸，集部則僅本朝二卷，計亡逸當十之二三，不知更有副本否，亂後益無從訪求矣。

右目録類經籍之屬

集古録十卷

宋歐陽修撰。順治癸巳謝光啓刊本。道光甲申寧都王氏刊，多目録五卷。歐陽文忠全集本。汲古閣六一題跋本。丁禹生有寫本，何義門諸家校甚詳。

金石録三十卷

宋趙明誠撰。澹生堂餘苑本。順治庚寅謝世箕刊本。雅雨堂刊本。邵亭有舊抄本，是吴兔牀物，用葉文莊本校。葉舊抄、汲古舊抄二本，見昭文張氏目。

法帖刊誤二卷

宋黄伯思撰。百川學海本。書學全編本。津逮秘書載入東觀餘論内。

法帖釋文十卷〔三五〕

宋劉次莊撰。百川學海本。書學全編本。

籀文一卷

宋翟耆年撰。守山閣本。

隸釋二十七卷

宋洪适撰。乾隆丁酉汪氏刊本。明萬曆戊子王雲鷺刊本〔三六〕。宋有乾道刊本。黄丕烈撰汪本隸釋刊誤一卷，用葉氏、袁氏、周氏所藏諸抄本及漢隸字原校汪本之失，嘉慶丙子刊。影宋隸釋，闕最目及第一卷，卷二至二十七備在。半頁十行，碑行二十字，跋卑一格，亦二十字。碑用隸書，跋用楷書，遇篆額字即用篆書，大勝汪刊。唐端甫藏。

隸續二十一卷

宋洪适撰。乾隆戊戌汪氏刊本。康熙間楝亭曹氏刊本。元刊只七卷。影抄宋本十四卷，顧澗濱據毛氏影宋校，其卷十三鄧君闕畫像下校補跋尾八十八字，又補無名人墓闕畫像一行，王稚子闕、沛相范皮闕，後俱補繪畫像。顧廣圻爲蕘圃校，自第八卷至末皆據汲古影宋，共百九十頁，又跋三頁，右原空三十五頁，見張氏藏書志。元泰定七卷本亦張氏藏，三、四卷末有「泰定乙丑寧國路儒學重刊」一條。

絳帖釋文二卷

宋曾槃撰。槃自序謂嘗欲作釋文，會有以北人所著見異者，因附益以舊所考證，刻之桐川郡齋，蓋金人舊本而槃附益之者也。嘉泰癸亥六月。昭文張氏藏鈔本。

絳帖平六卷

宋姜夔撰。聚珍本。閩覆本。

石刻鋪叙二卷〔三七〕

宋曾宏父撰。知不足齋本。貸園叢書本。

法帖譜系二卷

宋曹士冕撰。百川學海本題譜系雜説。書學全書本。書苑本。

蘭亭考十二卷

宋桑世昌撰。知不足齋本。

蘭亭續考二卷

宋俞松撰。知不足齋本。

寶刻叢編二十卷

宋陳思撰。四庫依抄本録。道光末海豐吳式芬刊。

輿地碑目四卷

宋王象之撰。道光庚寅車氏刊。

寶刻類編八卷

不著撰人。道光戊戌東武劉喜海刊巾箱本。

古刻叢鈔一卷

明陶宗儀編。知不足齋本。讀畫齋叢書本。孫淵如改定，刊入平津館叢書。邵亭有舊抄本。

名蹟録六卷附録一卷

明朱珪編。瞿氏有厲樊榭抄本〔三八〕。

吴中金石新編八卷

明陳暐撰。刊本。

金薤琳琅二十卷

明都穆撰。乾隆四十三年杭州宋氏刊，宋振譽校本。宋氏乾隆六年以碑文拓本校此書，汪菼洲刊又精校之〔三九〕，盧召弓爲序，稱善本。宋氏補四碑，爲附録一卷。

法帖釋文考異十卷

明顧從義撰。明露香園刊大本。

金石林時地考二卷

明趙均撰。鈔本。

石墨鐫華六卷附録二卷

明趙崡撰。萬曆戊午刊本。藝圃搜奇續集本。知不足齋本。

金石史二卷

明郭宗昌撰。單行無刊年月本。知不足齋本。

欽定校正淳化閣帖釋文十卷

聚珍本。閩覆本。吴省蘭重刊本。

兩漢金石記二十二卷

乾隆五十四年翁方綱撰刊。

金石萃編一百六十卷

國朝王昶編。嘉慶十年刊本。

金石文字記六卷

國朝顧炎武撰。亭林十書本。澤古齋本。借月山房本。指海本。

金石文跋尾六卷續七卷又續六卷三續六卷潛研堂金石文字目录八卷

國朝錢大昕撰。嘉慶十年瞿中榕校刊。

金石存十五卷

國朝吴玉搢撰。李氏函海本。又李宗昉刊本。

石經考一卷

國朝顧炎武撰。亭林十書本。指海本〔四〇〕。

石經考一卷

國朝萬斯同撰。常熟蔣氏省吾堂刊本。

來齋金石考三卷〔四一〕

國朝林侗撰。道光辛丑上海徐渭仁刊本。

嵩陽石刻集記二卷

國朝葉封撰。仰嵩堂刊本。

觀妙齋金石文考略十六卷

國朝李光映撰。雍正己酉刊本，佳。道光丁酉盛氏得其板，以爲重刊。

分隸偶存二卷

國朝萬經撰。原刊本。乾隆己丑刊本。道光壬辰重刊本。

淳化秘閣法帖考正十二卷

國朝王澍撰。冰壺閣刊本，佳。

竹雲題跋四卷

國朝王澍撰。乾隆三十二年錢氏人龍刊本，附朱笠亭撰金粟逸人逸事一卷。乾隆戊申温氏重刊本。乾隆辛卯陳焯、楊建又校刊虚舟題跋十卷，增于竹雲本，且有異同。越三年甲午，焯、建復校刊虚舟題跋補原七卷，世謂竹雲三跋。并沈芥舟先後手書，刊甚精。

金石經眼録一卷

國朝褚峻摹圖，牛運震補説。乾隆初刊本，一名金石圖四卷。

石經考異二卷

國朝杭世駿撰。杭氏七種本。

右目録類金石之屬

史部十五　史評類

史通二十卷

唐劉子元撰。明嘉靖間陸儼山蜀中刊本，與時本多二頁。萬曆丁丑張之象校刊本。明王維儉訓故本，入存目。明李維楨、葛孔延評釋本。國朝黄叔琳訓故補本，入存目。

文史辨俗通議□卷〔四二〕

國朝章學誠撰〔四三〕。阮氏刊本。

史通通釋二十卷

國朝浦起龍撰。乾隆十七年刊。

唐鑑二十四卷

宋范祖禹撰。明吕鏜刊本。弘治十年白昻刊本。宋板小字本。

唐史論斷三卷〔四四〕

宋孫甫撰。學海本。藝海珠塵本。函海本。學津討原本。

唐書直筆四卷〔四五〕

宋呂夏卿撰。聚珍本。閩覆本〔四六〕。

通鑑問疑一卷

宋劉羲仲編。津逮本。學津本。陳刻通鑑附本。

三國雜事二卷

宋唐賡撰。眉山集本。學海類編本。函海本。讀畫齋本。

讀史管見三十卷

宋胡寅撰。四庫存目。明張溥刊本。

涉史隨筆一卷

宋葛洪撰。明弘治間刊本。得月簃叢書本。知不足齋本。

六朝通鑑博議十卷

宋李燾撰。此及下大事記講義，四庫并依鮑士恭家本。

大事記講義二十三卷

宋吕中撰。舊抄本。後附中興講義一卷，昭文張氏藏。題銜云「黄甲省元肇慶府學教授温陵吕中講義，省元國學前進士三山繆烈、臯蘭蔡炳編校」。千頃堂藏有皇朝大事記九卷，即與二十三卷者同一書，而删節頗多。又有中興大事記四卷，世無傳本，以宋史全文所引考之〔四七〕，蓋亦删節之本。昭文張氏書志。

舊聞證誤四卷〔四八〕

宋李心傳撰。函海本。昭文張氏有宋殘刻本二卷，汲古閣藏書。是書原十四卷，其殘本則第一、二兩卷也〔四九〕。

通鑑答問五卷

宋王應麟撰。附玉海元刊本。今刊本。

歷代名賢確論一百卷

不著撰人。明弘治中錢孟濬刊本，作唐宋名賢確論。

歷朝通略四卷

元陳櫟撰。明正統壬戌王静刊本。崇禎乙亥袁應兆刊本。

史纂通要後集三卷

元董鼎撰。括金、宋兩朝事迹，以續胡氏之書。昭文張氏有影寫元抄本。

十七史纂古今通要十七卷

元胡一桂撰。大興朱氏有元刊本，今售出。

學史十三卷

明邵寶撰。明刊經史全書本。崇禎辛未刊附簡端録之後，後附容春堂雜抄一卷。

史糾六卷

明朱明鎬撰。桐華館刊本，盧抱經跋云：分上下二卷。指海本。

御批通鑑綱目五十九卷通鑑綱目前編十八卷外紀一卷通鑑綱目續編二十七卷

康熙六十四年聖祖仁皇帝御撰。内府刊本。宋犖蘇州校刊本。

御製評鑑闡要十二卷

乾隆三十六年大學士劉統勳等恭録。内府刊本。

欽定明鑑二十四卷

嘉慶二十三年奉敕撰。内府刊本。

右史評類〔五〇〕

【校勘記】

〔一〕此條上方有朱筆眉批曰：「兩二卷必有一誤。」

〔二〕藏園本、訂補本「知不足齋本」之下無「二卷」二字。

〔三〕明周藩刊本：藏園本、訂補本均無。

〔四〕明刊本：藏園本作「明萬曆戊午刻」。訂補本注曰：「原本無，印本入正文。」

〔五〕此條訂補本下移至子部儒家類。

〔六〕「乃日本人妄增也」：藏園本、訂補本此句均脱「人」字。

〔七〕廣陵書：藏園本、訂補本均脱「陵」字。

〔八〕在愛石書棚收：藏園本、訂補本均誤作「在愛石書删改」。

〔九〕此條上方有眉批：「道光十三年盧坤廣東得景寫本重刊，板闊大。」藏園本、訂補本均無。

〔一〇〕訂補本脱「而附益」三字。

〔一一〕藏園本、訂補本于「函海本」以下均脱。

〔一二〕莫氏《持静齋藏書記要》卷下記是書云：「又一寫本《西漢貫制叢録》亦七十卷，題宋紹熙十五年袁應詳撰進。核之，即天麟書。蓋作僞以欺售者。」

〔一三〕訂補本收有「漢唐事箋對策機要前集十二卷後集八卷」，亦爲「元朱禮撰」，然而解題全異，且書名增字，疑傅氏另有所本。

〔一四〕訂補本考證：「明正德十一至十四年，劉洪慎獨齋刊本，十二行二十五字，細黑口，四周雙闌。莫氏説劉洪、慎獨齋爲二本，應正。」此考證是也。

〔一五〕徐學聚：原作「徐學儒」，藏園本同，誤，據訂補本改。

〔一六〕刊本：藏園本、訂補本均誤爲「抄本」。

〔一七〕〔一八〕藏園本、訂補本此下均增：「近廣東刻本」。

〔一九〕亦然：藏園本、訂補本均無「然」字。

〔二〇〕藏園本、訂補本均缺：「道光四年重修五十四卷。蘇杭官本。」

〔二一〕此條：藏園本作「三十條」。

〔二二〕藏園本、訂補本此下增：「乾隆丁酉從孫福刻本」。

〔二三〕藏園本、訂補本此下增：「長恩書室本」。

〔二四〕元王元亮重編：藏園本、訂補本均脱「重」字。

〔二五〕柳貫：藏園本、訂補本均誤爲「柳贄」。

〔二六〕此頁有浮簽語：「岱南閣刊唐律疏義即元至順余氏勤有堂本。入三十卷内」，藏園本、訂補本均誤入正文。

〔二七〕奏准：藏園本、訂補本均誤爲「奉准」。

〔二八〕此條上原另附一頁云：「遂初堂書目以下三十種次序照此單繕寫。」故以下三十種書目即按附頁中所列順序排列。

〔二九〕藏園本、訂補本此下均增：「明刻十二行，行二十字。」

〔三〇〕藏園本、訂補本此下均增：「徵刻唐宋秘書本書目，俞邰與周雪客編，舊鈔本。」

〔三一〕藏園本、訂補本均脱「前目世多傳抄，後目罕見」二句，增「近湖南刻本」一句。

〔三二〕《持静齋藏書記要》卷下「述古堂藏書目題詞一册」解題曰：「國朝錢曾手稿，蓋即其《讀書敏求記》未編類之初本也，有可補趙、阮兩刻之遺者十許條。」

〔三三〕有五色：藏園本、訂補本均作「有五色批」。

〔三四〕此條訂補本失收。

〔三五〕十卷：藏園本誤爲「二卷」。

〔三六〕王雲鷺：原誤作「王雲鷥」。據訂補本改。

〔三七〕此條上方，藏園本增有眉批語：「乾隆中諸澤國刻楷字本。」

〔三八〕藏園本、訂補本均脱「抄」字，末增「有明刻本」。

〔三九〕汪荻洲刊：藏園本、訂補本均脱「刊」字。

〔四〇〕藏園本、訂補本此下均增「借月山房本」。
〔四一〕此條上方，藏園本增有眉批語：「嘉慶丙子侯官馮縉刻。」
〔四二〕此條上方，藏園本增有眉批語：「刻本近歸杭州書局。有重修。又有貴州刊本。」
〔四三〕章學誠：莫繩孫原鈔本誤「章」爲「張」，今據藏園本、訂補本校正。
〔四四〕此條上方，藏園本增有眉批語：「粤雅本。宋有紹興、端平兩刻。」
〔四五〕此條上方，藏園本增有眉批語：「頃收舊鈔本，與聚珍本不同。」
〔四六〕藏園本和訂補本此下增：「桐華館刻」。
〔四七〕考之：藏園本、訂補本均作「證之」。
〔四八〕此條上方，藏園本增有眉批語：「汲古閣有影宋本。」
〔四九〕藏園本、訂補本此下均增：「桐華館刻」。
〔五〇〕「右史評類」之下，有浮簽云：「卷六至此，史評已上約七十頁」；卷末旁注云：「史部四庫著録未見傳本者五十六種，存目者二十九種，未收者二百零六種。」

郘亭知見傳本書目卷七

子部一　儒家類

孔子家語十卷[一]

魏王肅注。明刊無注本，半頁九行，行二十字。明吴勉學刊注本。正德辛巳張公瑞刊何孟春注本，八卷。黄魯曾刊本。包山陸氏本。葛鼒刊注本，竄亂失次。汲古閣刊本。乾隆庚子李容重刊汲古本。元王廣謀標題句解三卷，注既淺陋，正文亦加删易。明何孟春注亦非足本。汲古閣兩次得宋板，凑合刊成十卷，然後人以宋板校之，尚多訛誤，是家語并無佳刻定本也。天禄後目有家語宋刻本十卷，云序末載甲寅歲端陽吴時用書，黄周賢金賢刻考。四庫總目有二十六家唐詩，款亦同，疑爲明書賈而無實證。書内祺字缺筆，避宋度宗嫌名，槧法精好，難斥爲僞刻也[二]。（汲古閣秘本書目所載北宋蜀大字本家語注十卷，今藏桐城蕭敬甫穆家，頁十八行，行大字十六七八字不等，注文雙行，約六字當大字之一，第二卷十六頁以上闕，毛氏影抄足之。曾假讀一過，書中趙宋諱闕直至孝宗嫌名之慎，而敦、郭不省，定爲南宋孝宗世槧本無疑。其卷尾有東坡居士折角印，考文忠已先卒于建中靖國元年，顯爲僞作。毛斧季跋，謂其家藏原闕二卷十六頁以上，後于惠山酒家得前半殘帙〔三〕，因互補抄爲兩完本。其酒家本爲錢宗伯奪去，已燼于絳雲之火，而此本獨存云云。今以汲古閣刊本比較，二卷十六頁已上毛本訛脱殊甚，注文闕漏尤夥，與宋本迥異，十七頁已下諸卷則與宋本悉合，蓋毛氏刊是書時尚未得酒家本，故但據家藏殘帙，其所缺者以别本湊合付梓爾。繩孫附記。）

荀子二十卷〔四〕

周荀況撰，唐楊倞注。宋熙寧本二十卷，半頁八行，行大十六字，小二十四字。宋吕夏卿大字本，半頁八行，行大十七字，小二十二字，藏吴門汪氏。吕夏卿本後有王子韶同校及夏卿重校銜名兩行，其板尚存，破損模糊，爲庸妄子填補失真，犹不如依初印影宋之可貴。張金吾云，宋又有淳熙江西刊本。又有巾箱本。元纂圖互注本，半頁十一行，行大二十一字，小二十五字，蓋六子本。六子〔五〕：老、莊、荀、楊、列、文中也。其老子卷首載景定改元蒲節石盧龔士卨刊書序，知出南宋，唯龔序中不及列子，或元時所增。元明板纂圖互注大字小字二本。嘉靖庚寅顧氏世德堂六子本。明重刊小字本。孫鑛評本。盧文弨謝墉同校箋，用吕夏卿本，佳。有翻刻本，入十子全書。郝懿行補注。王念孫得宋錢佃校本與吕本互有異同，又各有抄、刻本之異，乃就盧刻成荀子雜志九卷。天禄琳琅宋本纂圖互注荀子，加重言重意互注諸例，亦猶詩周禮春秋傳，爲當時帖括之書。

孔叢子三卷

舊本題陳勝博士孔鮒撰。明緜眇閣刊本。子彙本。明程榮刊漢魏叢書本。康熙間孔氏刊本。明何鏜漢魏本二卷，附詰墨二卷。鍾評秘書本，四卷。阮氏有宋刊巾箱本宋咸注七卷。海昌蔣生沐有影寫本。姚若有影寫本。

孔叢子注七卷

宋宋咸注。咸字貫之，建陽人，天聖二年進士，仕至都官郎中，詳何喬遠閩書。是編依宋巾箱本影抄，卷帙與晁陳志録合。世傳三卷本〔六〕。小爾雅廣言俗刻作俘罰也，此作浮罰也，与記投壺若是者浮正義所引合，咸注亦典核簡潔。玉海稱咸上所注揚子、孔叢子，賜三品服，今揚子更不可得矣。阮氏以進呈。

新語二卷〔七〕

舊本題漢陸賈撰。子彙本。程榮漢魏叢書本，一卷。何鏜漢魏本。明姜思復定本。明胡維新本。弘治壬戌李仲陽刊本。鍾評秘書本。朱修伯曰，據玉海，宋本逸五篇，明初始得全書，見嚴銕橋序。

新書十卷

漢賈誼撰。漢魏叢書本。子彙本。明弘治乙丑吴郡沈頡重刊本。正德乙亥吉府刊本。正德甲戌陸相補刊本。正德乙卯胡維新本。今抱經堂校刊本。

鹽鐵論十二卷

漢桓寬撰。漢魏叢書本，十二卷。明華氏活字板本。弘治十四年涂楨本。嘉靖三十年倪邦彦重刊涂本。明沈廷餘刊本，四卷。張之象注本，十二卷，嘉靖癸丑刊〔八〕。嘉慶丁卯張氏刊本，附考證一卷，佳。胡心耘有元刊。丁禹生有宋刊鹽鐵論十卷，半頁九行〔九〕，行十八字，第十卷末頁有「淳熙改元錦谿張監税宅善本」二行楷書木記。前有國初人馮武題識，刊印頗精雅。

新序十卷

漢劉向撰。漢魏叢書本。嘉靖丁未何俊良刊本。明袁宏道等校刊本。正德五年庚午楚藩刊本。盧氏群書拾補内有校正新序若干條，逸文五十一條，校正説苑若干條，逸文二十五條。黄丕烈有北宋刊本新序，每頁二十二行，行二十字，目録接序文後，每卷自爲一行，第二行有鴻嘉年號，紅豆舊物。元刊本，每頁二十二行，行十八字，目録在序文前。

説苑二十卷

漢劉向撰。漢魏叢書本。嘉靖丁未何良俊刊本。明袁宏道等校刊本。嘉靖乙未刊大字本。明楚藩本。胡維新本。陳少章曰：明洪武十五年頒説苑新序于天下學校，令生員講讀，見劉仲質傳。説苑，宋淳熙乙丑本，每頁十八行，行十八字，拜經樓藏本，缺十四卷，從别本傳抄。宋板卷一第二行有鴻嘉年號，今歸湘潭袁氏。元刊本每頁二十二行，行十八字。

法言集注十卷[一〇]

漢揚雄撰，宋司馬光集注。漢魏叢書本。世德堂六子本，司馬注。明賀沚校刊本。明重刊小字本。二十子本。明趙大綱集注本。今嘉慶二十四年秦氏仿宋刊李軌注十三卷，附音義一卷，佳。李賡耘刊抱經堂校定本。宋有巾箱本。何義門校宋本。拜經樓藏宋本。萬玉堂刊後附唐王涯説元五篇。侯芭、虞翻等太玄釋文一卷，每頁十六行，行大小字俱十七，原缺三卷，盧抱經抄補，鋏樵箋。張志有宋刊李軌注，絳雲樓藏。宛平查恂尗宋本纂圖互注揚子法言司馬集注，半頁十一行，行大二十一字，小二十五字，蓋元建安刊六子本，今歸邵亭。宋咸序後有木記六行，云本宅今將監本四子纂圖互注，附入重言重意，精加校正云云。末行建安下刊人空缺，所謂四子或但指老莊荀揚而言。是刊實六子，其列子、文中無纂圖互注爾。道光間蘇坊十子全書本，與中説刊一律。

潛夫論十卷

漢王符撰。漢魏叢書本。明胡維新西京遺編本，四卷。明刊本，二卷。汪繼培箋注本[一一]。

朱修伯曰：汪西可箋注，精博無比。明金臺汪諒刊本。湖海樓叢書本。元大德間與白虎通、風俗通合刊，題曰新刻三種。張金吾云：潛夫論有明刊本，以校陳榮本，改正頗多，氏姓篇尤甚，自宋槧外是最善者。

申鑒五卷

漢荀悦撰。明黄省曾注。漢魏叢書本。子彙及十二子本均題小荀子。黄省曾注正德己卯刊。嘉靖癸巳張維恕刊本。何允中本。群書拾補内有校正若干條。胡維新本亦黄注。朱修伯有精校本，付勞青子刊之。

中論二卷

漢徐幹撰。漢魏叢書本。胡維新本。明弘治壬戌黄華卿重刊本〔一一〕。明杜思重刊本。

傅子一卷

晉傅玄撰。聚珍本。閩覆本。蘇杭兩縮本。朱修伯曰：盧抱經、嚴鐵橋有校補本。

中說十卷〔一三〕

舊本題隋王通撰。世德堂六子本。道光乙未重刊世德堂本。漢魏叢書本，一卷。明重刊小字六子本。吴勉學二十子本。明崔銑中說考七卷，刊本。宋有巾箱本。蘇城汪氏有宋本，每半頁十一行，行二十字，目録後有「隱士王氏取瑟堂」大字，書中「朗」字俱闕筆作朗。查恂卡宋本中說半頁十一行，行大字二十一，小字二十五，前有文中子纂事二頁，年表一頁，蓋元刊六子本。

帝範四卷

唐太宗文皇帝御撰。聚珍本。閩覆本。蘇杭兩縮本。又有依聚珍放大之本。敏求記云：有二十篇足本。帝範武英殿刊十行本，似未以聚珍版印〔一四〕。

孟子外書四卷

宋劉攽注。函海本。藝海珠塵本。愚谷叢書本。金紹綸刊本。

續孟子二卷

唐林慎思撰。函海本。知不足齋本。

伸蒙子三卷

唐林慎思撰。函海本。知不足齋本。藝海珠塵本。

素履子三卷

唐張弧撰。函海本二卷。藝海珠塵本。天一閣刊范氏奇書本。近人刊二十二子本。

家範十卷

宋司馬光撰。天啓丙寅夏縣裔孫露刊本。高安十三種本。

帝學八卷

宋范祖禹撰。元大德刊本。明刊本。天禄後目有宋嘉定刊本三部。湖州活字板本非宋板〔一五〕。

儒志編一卷

宋王開祖撰。明王循刊本。

太極圖説述解一卷通書述解一卷西銘述解一卷

明曹端撰。明張璟合刊本。

張子全書十四卷附録一卷

宋張載撰。明徐必達刊本。高安朱氏刊本。嘉慶十一年上元葉世倬補刊本。經學理窟三卷。明嘉靖三年刊本〔一六〕。

邵子全書二十四卷

明徐必達刊本。

注解正蒙二卷

國朝李光地撰。榕村全書本。

正蒙初義十七卷

國朝王植撰。乾隆中刊本。

二程遺書二十五卷附録一卷

程子門人所記，朱子編次。成化丁酉張瓚刊本。二程全書本六十五卷，弘治戊午李瀚重刊。又明閻禹錫刊本，五十一卷。又金立敬重刊本。均無經説。又明徐必達刊二程全書，六十八卷。吕氏寶誥堂刊本，佳。河南祠堂本，不佳。又有明刊分類本，三十一卷，明楊廉編。宋淳祐丙午，古汴趙師耕刊大字本遺書外書于明教堂，世謂麻沙本。宋又有春陵本，刊于淳祐六年秋。東川李襲之題云：程氏遺書長沙本最善而字小，歲久漫漶，教授王湜出示五羊本，參校既精，大字亦便觀覽，然無外書，襲乃模鋟于舂陵郡庫，又取長沙所刊外書附焉。元有至治二年壬戌臨川譚善心刊大字本，蓋即依趙、李二本，頁二十行，行二十字。

二程外書十二卷

程子門人所記，朱子補遺。二程全書本。寶誥堂本。河南祠堂本。

二程粹言一卷〔一七〕

宋楊時編。二程全書本。寶誥堂本。河南祠堂本。

公是先生弟子記四卷

宋劉敞撰。聚珍本。閩覆本。知不足齋本，一卷。宋乾道十年江溥刊本。淳熙元年趙不黯刊本。

節孝語録一卷

宋徐積撰。徐節孝集後附刊本。

儒言一卷

宋晁説之撰。嘉靖間刊晁氏三先生集本。澹生堂餘苑本。學海類編本。

童蒙訓三卷

宋吕本中撰。明仿宋刊本。張履祥評本。近年楊以增刊本。同治二年當歸草堂本。宋嘉定乙亥丘壽雋重校刊。紹定己丑眉山李𡌴刊本。

省心雜言一卷

宋李邦獻撰。林和靖集附刊本，名省心録。嘉靖六年景隆刊本，名省心詮要。秘笈本。學海類編本。聚珍本。函海本。

上蔡語録三卷〔一八〕

宋曾恬、胡安國所録謝良佐語，朱子又爲删定之。吕氏刊朱子遺書本。

袁氏世範三卷

宋袁采撰。唐宋叢書本。秘笈本。萬曆癸卯刊本。乾隆甲寅吴氏刊本。知不足齋本。

延平答問一卷附録一卷

延平答問宋朱子撰。明刊大字本。朱子遺書本。

近思録十四卷

明朱子、吕祖謙同撰。明正德乙卯汪偉刊本。明高攀龍刊本。朱子遺書本。蓮花書院刊葉采集解本。吴郡邵氏刊集解本。又張伯行集注本。

近思録集注十四卷

國朝江永撰。嘉慶壬申江西督學王鼎刊本。婺源刊本。同治三年望三益齋刊本。

雜學辨一卷附記疑一卷

宋朱子撰。朱子遺書本。

學蔀通辨十二卷〔一九〕

明陳建撰。刊本。四庫存目。

小學集注六卷

舊本題宋朱子撰。明嘉靖福建刊本。明吴訥思庵集解本。錢曾有元李成已小學書纂疏四卷。吕氏寶誥堂刊本，無注。黄澄集解本。陸清獻刊本。雍正五年内府刊本。乾隆十三年尹會一刊高愈纂注六卷。祁刊無注本。又尹刊巾箱本。張伯行集解本。道光間安岳王蓮洲刊本。蔣永祥刊本。

朱子語類一百四十卷

宋黎靖德編。成化九年陳煒刊本。石門呂氏刊本。天禄後目有宋咸熙刊本。

朱子語略二十卷

宋楊與立編。姚惜抱文後集有跋語。四庫未收。

戒子通録八卷

宋劉清之撰。提要謂清之後人嘗刊諸金谿，後崔棟復爲重刊。清之後人殆謂劉叔熙刻于元統中，見虞伯生宋劉叔熙序。

至書一卷

宋蔡沈撰。嘉靖秦府刊本。四庫未收。

知言六卷附録一卷

宋胡宏撰。明吴中坊刊本。格致叢書本。朱修伯曰：弘治間刊有疑義一卷〔二〇〕。

明本釋三卷

宋劉荀撰。聚珍本。閩覆本。杭縮本。

少儀外傳二卷

宋吕祖謙撰。墨海金壺本。守山閣本，一名辨志録。

麗澤論説集録十卷

宋呂喬年編。東萊集後附刊本。明刊本。

曾子一卷

宋汪晫編。明刊本。文選樓刊阮氏注釋本四卷，單行，較阮經解本差詳。馮雲鵷編輯十三種，内曾子八卷，道光壬辰刊本。拜經樓藏元刊本曾子二卷，内外篇凡十四，每卷題傳道四子書曾子卷第次，有元徐達左序，蓋達左輯其言行散見群書者爲此。

子思子一卷

宋汪晫編。明刊本。

邇言十二卷

宋劉炎撰。明嘉靖己丑光澤王刊本。澹生堂餘苑本〔二〕。

木鍾集十一卷

宋陳埴撰。明弘治十四年鄧潤刊本。蘇城汪氏有元刊本。

經濟文衡前集二十五卷後集二十五卷續集二十二卷

舊本題宋滕珙編。或又題明馬季機編。淳祐辛亥馬季機編，黄碁序。元刊明印本。明正德辛巳刊本。萬曆丙午刊本。今乾隆四年南昌楊雲服重刊本。

大學衍義四十三卷

宋真德秀撰。明嘉靖六年内府刊本。明楊廉節略本。長洲陳仁錫評刊本。金陵本刻全集。浦城遺書本。康熙中刊本。乾隆四年尹會一重刊本。内府及平津館均有宋巾箱本。宋刊大字本。中框元刊本。

讀書記六十一卷

宋真德秀撰。明刊本。乾隆初真氏重刊本。明本。甲記三十七卷,丁記二卷,真氏重刊甲、丁二記,總編四十卷,俱無乙記。四庫六十一卷,内有乙記二十二卷,似即湯漢續刻之宋本也。天禄後目載宋本有甲乙二記,無丁記。宋本半頁九行,行大十六字,雙行小字二十四。

心經一卷

宋真德秀撰。康熙刊本。乾隆重刊本。明弘治間程敏政注刊本,四卷。宋端平元年顏若愚鋟于泉州府學。

政經一卷

舊本題宋真德秀撰。康熙與心經合刊本。宋淳祐二年大庾令趙時棣與心經合刊。

項氏家説十卷附録二卷

宋項安世撰。聚珍板本。閩覆本。

先聖大訓六卷

宋楊簡撰。明萬曆乙卯刊本。

黄氏日鈔九十五卷

宋黄震撰。元刊本。大興劉子重有舊刻大字本，多所佚二卷。八十一卷、八十九卷全闕，餘卷缺誤甚多。明正德中刊本。乾隆丁亥新安汪佩鍔重刊本，附古今紀要。

北溪字義二卷

宋陳淳撰。康熙甲午戴氏刊本，佳。惜陰軒叢書本。明弘治庚戌刊本。明豐慶刊本。桐川施氏刊本。北溪字義初刻于永嘉趙氏。又有清漳本。宋淳祐間九華葉信原本。

準齋雜説二卷

宋吴如愚撰。墨海金壺本。珠叢别録本。宋有永嘉陳昉刊本。臨川羅愚復刊于廣右漕臺。

性理群書句解二十三卷

宋熊節編，熊綱大注。即明儒性理大全書之藍本，諸家著録皆元板。天一閣刊本。

東宫備覽六卷

宋陳謨撰。澹生堂餘苑本。學海類編本。

孔子集語三卷

宋薛據編。明鍾人傑刊唐宋叢書本。乾隆丁巳孔氏刊本。天一閣刊本。明刊本，上中下三卷。

朱子讀書法四卷

宋張洪、齊熙同編。元至順刊本。

家山圖書一卷

錢遵王敏求記載此書，云晦庵私淑弟子所作。

讀書分年日程三卷

元陳端禮撰。康熙己巳陸清獻公刊本。嘉慶丙辰宋玉詔重刊。嘉慶丙子沈維鐈重刊。道光癸未毛式郇重刊。國初儀封李日華刊本，與陸刊稍異。同治五年當歸草堂刊。

辨惑編四卷附録一卷

元謝應芳撰。守山閣本。

治世龜鑑一卷

元蘇天爵撰。成化丙午陳堯弼刊本。路小洲有元刊本。道光戊申瓶花書屋刊。

管窺外篇二卷

元史伯璿撰。刊本。康熙乙亥吕宏誥刊本。雍正壬子王靈露續補本。

内訓一卷

明仁孝文皇后撰。明刊大字本。墨海金壺本。珠叢别録本。

理學類編八卷

明張九韶撰。明嘉靖刊本。天一閣有刊本，題理學類編綱目。此書成于至正丙午，未入明時所作。

性理大全書七十卷

明胡廣等撰。明景泰乙亥書林魏氏仁寶堂刊本，半頁十一行，行二十二字。萬曆丁酉吴勉學刊本。嘉靖辛亥張氏新賢堂刊本。康熙時内府刊本。

讀書録十卷續録十二卷

明薛瑄撰。明嘉靖中刊本，佳。萬曆甲寅張氏刊類編本。萬曆己卯山東巡撫趙賢刊本。吕晚村刊本。乾隆丙寅薛氏刊本。

大學衍義補一百六十卷

明邱濬撰。明弘治初刊本大字。明長洲陳仁錫評刊本。明喬應甲刊于揚州，中字本。

居業録十二卷

明胡居仁撰。康熙中刊本。沈維鐈刊本〔二〕。

楓山語録一卷

明章懋撰。借月山房彙鈔本。指海本。

東溪日談録十八卷

明周琦撰。四庫依抄本録。嘉靖丁酉刊本。

困知記二卷續記二卷附録一卷

明羅欽順撰。沈維鐈刊本[二三]，多三續一卷，四續一卷，續補一卷，附録一卷。康熙九年劉炳刊本。

讀書劄記八卷

明徐問撰。明嘉靖甲午貴州刊本，有陳則清跋尾。得月簃叢書本。

士翼四卷

明崔銑撰。明刊本。

涇野子內篇二十七卷

明吕柟撰。柟子吕筠等刊本。

周子抄釋三卷

明吕柟撰。惜陰軒叢書本。

張子抄釋六卷

明吕柟撰。惜陰軒叢書本。

二程子抄釋十卷

明吕柟撰。惜陰軒叢書本。嘉靖丙申柟門人鄧誥刊本。

朱子抄釋二卷

明呂柟撰。惜陰軒叢書本。

中庸衍義十七卷

明夏良勝撰。刊本。

格物通一百卷

明湛若水撰。明嘉靖刊本。

世緯一卷

明袁袠撰。知不足齋本三卷。

呻吟語摘二卷

明吕坤撰。萬曆丙辰刊本。陳宏謀節録本。王鼎刊本。栗毓美刊本，六卷。

帝鑑圖説十册無卷數

明張居正等奉進。萬曆元年刊本。

聖學宗要一卷學言三卷

明劉宗周撰。明姜希轍刊本。

人譜一卷人譜類記二卷

明劉宗周撰。陸清獻刊本。雍正丙午洪氏刊本。學海類編本單有人譜一卷。近年刊蕺山全書本。

榕壇問業十八卷

明黄道周撰。明刊本。

温氏母訓一卷

明温璜述。國初刊本，附寶忠集後。學海本。嘉慶戊午温氏刊本。同治二年當歸草堂刊。

御撰資政要覽三卷後序一卷〔二四〕

順治十二年世祖章皇帝御撰。

聖諭廣訓一卷〔二五〕

聖祖仁皇帝親製聖諭十六條。

庭訓格言一卷

雍正八年世祖憲皇帝御纂。内府刊本。漕運總督吴棠刊本。

御製日知薈説四卷

乾隆元年皇上取舊製各體文親爲删擇，勒成一編〔二六〕。内府刊本。江蘇重刊本。

御定孝經衍義一百卷

康熙二十一年侍郎張英等奉敕撰〔二七〕。内府刊本。浙江重刊本。

御定内則衍義十六卷〔二八〕

順治十三年世祖章皇帝御定。

御纂性理精義十二卷

康熙五十六年大學士李光地等奉敕撰。内府刊本。各直省重刊本。又縮刊小本。

御纂朱子全書六十六卷

康熙五十二年大學士李光地等奉敕撰。内府刊本。原請名朱子類書，改名全書。各直省翻刊本〔二九〕。古香齋袖珍本。

御定執中成憲八卷〔三〇〕

雍正六年奉敕撰〔三一〕。

御覽經史講義三十一卷〔三二〕

乾隆十四年大學士蔣溥等奉敕編〔三三〕。

正學隅見述一卷〔三四〕

國朝王宏撰。

楊園全書三十四卷

國朝張履祥撰。寧化雷鋐刊〔三五〕。道光辛丑獨山莫氏影山草堂刊本。近年沈維鐈重刊節録本〔三六〕。四庫存目在雜家。

思辨録輯要三十五卷

國朝陸世儀撰。正誼堂刊本。沈維鐈刊本〔三七〕。

雙橋隨筆十二卷

國朝周召撰。四庫依抄本録。

性理大中二十八卷

國朝應撝謙撰。刊本。四庫存目。

性理正宗四十卷

國朝張伯行撰。刊本。四庫存目。

讀朱隨筆四卷

國朝陸隴其撰。康熙戊子張伯行刊于正誼堂。

陸清獻公日記十卷

道光辛丑柳氏刊。

問學録四卷

國朝陸隴其撰。四庫存目而閣内有之。

三魚堂賸言十二卷

國朝陸隴其撰。刊本。

松陽抄存二卷

國朝陸隴其撰。康熙中張伯行刊本。乾隆辛未楊開基刊本。同治三年當歸草堂刊本。

榕村語録三十卷

國朝李光地撰。榕村全書本。

讀書偶記三卷

國朝雷鋐撰。刊本。

孔子集語十七卷

嘉慶二十二年孫星衍輯刊，入平津館叢書。又見前薛據書下。

右儒家類

子部二 兵家類

握奇經一卷

舊本題風后撰，漢公孫弘解，晉司馬隆述讚。説郛本。漢魏叢書本。唐宋叢書本。津逮秘書本。藝海珠塵本。李文真訂定本。錢氏敏求記云：有舊抄握奇經傳六卷。

握機經輯註圖説二卷

海昌陳道生可生輯。

六韜六卷

舊本題周吕望撰。黄氏刊本。明趙標刊本。明劉寅拱辰直解本。明刊武經七書本。平津館校刊本，附逸文一卷。咸豐四年長恩書室刊本。

孫子十家註十三卷

宋吉天保編。字里未詳。是編依華陰道藏本録出，十家者魏武一、梁孟氏二、唐李筌三、杜牧四、陳皞五、賈林六、宋梅堯臣七、王哲八、何延錫九、張預十也。十家之内多出杜佑。乃著通典引孫子而加訓釋，非作注也。案：自魏武後注者莫先于孟氏，隋志可考，而晁公武誤以爲唐人。道藏本題集注，依宋志改。末附鄭友賢孫子遺説。阮氏以進呈。

武經直解二十五卷兵法附録一卷

明劉寅撰。洪武戊寅自序，謂高皇有旨，俾官軍子孫講讀武書而作。其目孫子三卷，吴子二卷，司馬法三卷，李衛公問對三卷，尉繚子五卷，三略三卷，六韜六卷。有成化丙午孟冬知保定府金城趙英刊本，襄城李敏得直解抄稿，令清苑王琮校之，付趙英刊。又有嘉靖元年金臺汪諒刊本。嘉靖十六年知保定府旌德汪堅重修本。諒刊堅修，蓋即修英刊也。其先有洪武壬午樂安孫氏刊本，未見。其書詮解暢達，爲明代七書善本，蓋即用以課士。四庫僅著録三略一種，阮文達進呈遺書，又得司馬法、尉繚子二種，其四種罕有言及者。同治改元祥芝弟獲直解七書成化刊印完本于祁門，亦郘亭秘笈之一也。寅字拱辰，太原學人〔三八〕，署前辛亥科進士，趙序謂其類歷顯任，并著能聲〔三九〕。

孫子一卷

周孫武撰。平津館刊魏武注三卷。岱南閣重刊道藏本十家注十三卷，附遺説一卷，叙録一卷。吴氏二十子本，無注。明劉寅直解三卷。成化丙午李敏趙英刊。又嘉靖元年汪諒刊。嘉靖乙卯談愷刊集解本十三卷。明王士祺刊本。臧晉叔兵垣四書本〔四〇〕。天禄後目宋刊十一家注三卷。武經七書本三卷。隆慶壬申高郵李輯齋刊十一家注。萬曆己丑新都黄邦彦刊十一家注，工〔四一〕。

吴子一卷

周吴起撰。黄氏刊本。平津館校本，二卷。明吴氏二十二子本。明沈尤刊本。兵垣四書本。武經七書本，二卷。王士祺刊本。劉寅直解成化、嘉靖刊本二卷〔四二〕。

司馬法一卷

舊本題齊司馬穰苴撰。黄氏刊本。平津館校本，三卷。張氏叢書本。邢澍輯注本〔四三〕，五卷。錢氏指海輯本。武經七書本，三卷。明劉寅直解趙、汪兩刊本，三卷。趙雩門有合諸書校刊本。長恩書室重刊平津館本三書。明劉寅司馬法直解一卷。阮氏以進呈。

尉繚子五卷

周尉繚撰。黄氏刊本。明劉寅直解成化、嘉靖二本。武經七書本。武備志本。明劉寅尉繚子直解五卷，阮氏以進呈。

黄石公三略三卷

舊本題黄石公撰。黄氏刊本。武經七書本。

三略直解三卷

明劉寅撰。明成化丙午刊本。嘉靖元年刊本。嘉靖十六年修本。

素書一卷

舊本題黄石公撰，张商英注。明緜眇閣刊先秦諸子合編本。漢魏叢書本。明唐琳刊本。子彙題黄石子。説郛本。二十子本。明王士祺刊本。兵垣四書本。近人刊二十二子本。

李衛公問對三卷

舊本題唐李靖撰。黄氏刊本。明劉寅直解趙、汪二本。武經七書本。

太白陰經八卷

唐李筌撰。墨海金壺本。守山閣本，十卷。長恩書室本，十卷。平津館有影抄宋抄本，十卷。四庫止八卷，前缺天無陰陽、地無險阻二篇，又失卷八分野風角鳥情，卷九遁甲，卷十元女式等篇，此本一一完具。

武經總要四十卷

宋曾公亮等奉敕撰。元刊本。正統四年刊本四十三卷，前集二十二卷，後集二十一卷，附行軍須知二卷。

遁甲符應經三卷

宋楊維德等撰。維德附宋史方技韓顯符傳，字里未詳，顯符稱其能傳渾儀法。是編宋志不載，而見于通志略，此後舊抄過録。首有宋仁宗御製序，其書以遁甲論行軍趨避之用，末有永樂間五官司歷王巽序，云其書立術精密，考較詳明。阮氏以進呈。

虎鈐經二十卷〔四四〕

宋許洞撰。明刊本。天一閣刊范氏奇書本。長恩書室刊本。

何博士備論一卷

宋何去非撰。述古堂抄本。浦城遺書本。指海本。長恩書室本。

守城録四卷

宋陳規撰。墨海金壺本。守山閣本。道光戊申瓶花書屋刊本。長恩書室本。

武編十卷

明唐順之撰。明刊，杭州徐氏曼山館刊本。近年活字本。

陣紀四卷

明何良臣撰。惜陰軒刊本。墨海金壺本。珠叢別録本。長恩書室本。道光戊申瓶花書屋本。

武備志二百卷

明茅元儀撰。天啓辛酉刊，凡分五門，曰兵訣評十八卷，曰戰略考三十三卷，曰陣練制四十一卷，曰軍資乘五十五卷，曰占度載九十三卷。各門之中分列子目。道光中有活字本。後湖南又有刊本。

江南經略八卷

明鄭若曾撰。明隆慶二年林潤時刊本，半頁十二行，行二十二字。康熙癸酉五世孫起泓重刊本。

紀效新書十八卷

明戚繼光撰。明永懷堂葛氏刊本。學津討原本。許氏刊本。道光辛丑仁和朱昌壽刊，善〔四五〕。

火攻挈要三卷圖一卷

明焦勖撰。西洋湯若望授。崇禎癸未有刊本。道光辛丑揚州重刊，改名則克録，書中多脱訛，圖亦不全。

練兵實紀九卷雜集六卷

明戚繼光撰。萬曆丁酉刊本。學津討原本。墨海金壺本。守山閣本。無棣吴之勷重刊本。道光戊申瓶花書屋本。

洴澼百金方十四卷

題惠麓酒民撰。乾隆末年活字本。道光間蜀中刊本。後又有重刊者〔四六〕。

武備輯要六卷

不著撰人。道光十二年廣州刊本。

手臂録四卷附二卷

國朝吴殳撰。澤古齋叢書并指海本。道光戊申瓶花書屋刊本。

子部三　法家類

管子二十四卷〔四七〕

舊本題周管仲撰。萬曆十年趙用賢刊本。明凌汝亨刊朱墨本。吴勉學二十子本。明葛鼎刊本。明新安王之寀校刊本。明梅士亨刊本，名詮叙管子，成書錯亂，不佳。王氏讀書雜志内考證管子十二卷，六百四十餘條。黄丕烈有宋紹興刊本。丁禹生有元刊本，王芑孫舊藏。黄丕烈宋本管子爲文衡山、王雅宜、季滄葦遞藏，又歸汪閬源。今在昭文瞿秉淵敬之家。半頁十二行，行二十三、二十四字不等，注約四字抵正文三字不等，刊印甚精。前有楊忱序，署大宋甲申，後有張嵲巨山讀管子一篇，云紹興己未借本抄藏于家，此刻又在其後，不能定年，是南宋佳本。

管子補注二十四卷

明劉績撰。明朱東光刊中都四子本。明萬曆刊管子榷本，就趙用賢本加評釋，鐫刻甚佳。四庫存目。別下齋蔣氏藏許光清校影宋本，前亦有大宋甲申楊忱序，半頁十行，行二十一字。

鄧析子一卷〔四八〕

周鄧析撰。影宋本二卷，半頁十一行，行十五字。緜眇閣本。子彙本。十二子本。指海本。近人刊二十二子本。十子全書。瓶花齋本〔四九〕。明張鴻舉刊本。朱修伯曰：此書大約與淮南子相同，可據以校正。

商子五卷

舊本題秦商鞅撰。緜眇閣本。程榮漢魏叢書本。二十子本。嘉靖己未馮覲評校本。天一閣刊本。鄭寀刊本。朱蔚然刊本。嘉慶八年孫氏問經堂刊本。指海本。

韓子二十卷

周韓非撰。明萬曆十年趙用賢刊。二十子本。葛鼎刊本。明周孔教刊大字本。萬曆中韓子迂評刊本。凌瀛初刊本。張鼎文刊本。道藏本。孫鑛評本。元至元三年何汴刊本。嘉慶二十三年全椒吴氏仿宋乾道本，附識誤三卷，佳。道光間蘇州十子本。

疑獄集四卷補疑獄集六卷

晉和凝及其子㠓撰，補疑獄集明張景撰。嘉靖間刊本。陳鴻壽刊本。拜經樓藏吴太初手抄本，三卷，有圖記。前有㠓序及杜震序。袁漱六嘗爲此書考證，謂并非和氏原本。

折獄龜鑑八卷

宋鄭克撰。明隆慶四年刊。墨海金壺本。守山閣本。道光戊申瓶花書屋刊。

洗冤集録五卷

宋吴慈撰。明嘉靖丙午刊本。孫氏岱南閣叢書刊，附唐律後。嘉慶十一年吴氏刊本。

平冤録一卷

不著撰人。亦吴氏刊本。

無冤録二卷

元王與撰。亦吴氏刊本。以上三録又明胡文煥格致叢書本。

棠陰比事一卷附録一卷

宋桂萬榮撰。學海類編本。宋端平甲午重刊本。嘉定四年刊本。道光己酉上元朱緒曾仿宋大字本，于嘉興刊。同治丙寅桂氏活字本。祁墳刊。明吴訥祥刑要覽内全載棠陰比事。

子部四 農家類

齊民要術十卷〔五〇〕

後魏賈思勰撰。嘉靖甲申馬氏刊。胡震亨刊。津逮秘書本。學津討原本。昭文張氏有黄廷鑑精校本。敏求記云：嘉靖甲申刊于湖湘，首卷簡端周書曰云云。原係細書夾注，今刊作大字，謂汲古本也。汲古、津逮本即胡震亨秘册彙函本。元刊本要術每葉二十行，行大字十八字。

農書三卷附蠶書一卷

農書宋陳旉撰，蠶書秦湛撰。四庫依影宋抄本。知不足齋本。龍威秘書本。函海僅刊農書。路小洲有影宋抄本。諸家書目俱以蠶書爲秦觀作，附刊淮海集内，四庫此目以爲秦湛字處度，乃觀之子，未知孰是。

農桑輯要七卷

元至元十年官撰。聚珍本。閩覆本。蘇杭縮本。格致叢書本。徐氏傳是樓書目有此書七卷。胡文焕校本即格致本也。錢曾敏求記有元刊大字本，云近年所行惟小字本，而此刻不多見，小字本疑即胡文焕本也。

桑農衣食撮要二卷

元魯明善撰。墨海金壺本。珠叢别録本。長恩書室本。元延祐甲寅刊本。至順元年重刊本。

農書二十二卷

元王楨撰。聚珍本。明刊本，農桑通訣六卷，農穀譜十卷，農器圖譜二十卷，合三十六卷，嘉靖庚寅刊本。萬曆四十五年鄧渼重刊本。元刊本。

救荒本草二卷

明周定王朱橚撰。明刊本。格致叢書本二卷。嘉慶丙寅張祥雲重刊格致本。

農政全書六十卷

明徐光啓撰。平露堂刊本。道光中貴州刊本。道光癸卯滬上曙海樓刊本。

多能鄙事十二卷

舊題明劉基撰。皆言家常瑣碎，頗適于用。四庫存目。郘亭有舊抄本。

便民圖纂十六卷

不著撰人。第一卷務農圖十五，第二卷女紅圖十六，第三卷以下分十一類。弘治壬戌刊本。嘉靖壬子重刊于貴州。其中利民用者頗多。四庫存目。

沈氏農書一卷

題漣川沈氏原撰，張履祥校定。附刊楊園全書中。又有學海類編本。

泰西水法六卷

明西洋熊三拔撰。附農政全書本。又刊本。掃葉山房刊本。

野菜博録四卷

明鮑山撰。明刊本。

欽定授時通考七十八卷

乾隆二年奉敕撰。内府刊本。乾隆九年江西巡撫刊本。

【校勘記】

〔一〕此條上方，藏園本增有眉批語：「今年石印本乃據景寫北宋本，極精。」

〔二〕藏園本、訂補本此下增：「隆慶壬申徐祚錫刊」。

〔三〕藏園本、訂補本于「得」字後衍一「藏」字。

〔四〕此條上方，藏園本增有眉批語：「唐仲友刊於台州本即據熙寧監本。光緒八年黎氏景刊於日本。日本刻纂圖互注本。杭州局重刊謝本。明吴勉學刊本。」

〔五〕六子：藏園本、訂補本脱。

〔六〕藏園本、訂補本此句作：「與世傳三卷本不同」。

〔七〕此條上方，藏園本增有眉批語：「杭局刊本」。

〔八〕莫友芝《持静齋藏書記要》上卷記此書名爲「《鹽鐵論注》十二卷。」

〔九〕莫友芝《宋元舊本書經眼録》卷一此句亦同；然而《持静齋藏書記要》卷上此句則爲「每半頁十行」。

〔一〇〕此條上方，藏園本增有眉批語：「杭局刊本」。

〔一一〕汪繼培箋注本：「繼」原作「季」，誤，據《增訂四庫簡明目録標注》改。汪繼培箋注本收録於《湖海樓叢書》内，後文又録湖海樓叢書本，乃莫氏誤一種爲兩種。

〔一二〕黄華卿：原作「黄華新」，誤。據藏園本、訂補本改。

〔一三〕此條上方，藏園本增有眉批語：「日本景刊宋小字本，光緒十六年貴陽陳氏又重刊之。杭局本。」

〔一四〕藏園本此句誤爲：「似朱以聚珍版印。」訂補本此句誤爲：「似亦以聚珍版印。」

〔一五〕湖州活字板本非宋板：藏園本、訂補本均作「湖州活字本」。

〔一六〕藏園本、訂補本均脱此末句。

〔一七〕〔一八〕〔一九〕此三條上方，藏園本增有眉批語：「正誼堂本」。

〔二〇〕藏園本、訂補本此下均增：「粤雅堂有疑義。」

〔二一〕「澹生堂」：「澹」原誤爲「談」，今據藏園本、訂補本校正。

〔二二〕〔二三〕沈維鐈：藏園本、訂補本均誤「鐈」爲「鎬」。

〔二四〕藏園本失收此條，訂補本在該條下誤注：「四庫存目，莫氏失收。」

〔二五〕藏園本失收此條。

〔二六〕勒成一編：訂補本脱。

〔二七〕奉敕撰：藏園本脱「敕撰」二字，訂補本誤作「奉進」。

〔二八〕藏園本失收此條。

〔二九〕各直省：藏園本、訂補本均脱「省」字。

〔三〇〕藏園本失收此條。

〔三一〕雍正六年奉敕撰：訂補本作「雍正六年世宗皇帝敕撰。」

〔三二〕藏園本失收此條。

〔三三〕訂補本脱「大學士蔣溥等」六字。

〔三四〕藏園本失收此條。

〔三五〕寧化雷鋐刊：按，當爲乾隆二十一年丙子秀水朱芬刻本，雷鋐僅是該刻本作序者。

〔三六〕〔三七〕「沈維鐈」：藏園本、訂補本均誤「鐈」爲「鎬」。

〔三八〕太原學人：訂補本脱「學」字。

〔三九〕此下原有旁注：「『襄城』至『英刊』二十字應雙行作注。」
〔四〇〕臧晉叔：原作「盛叔晉」，誤，據《增訂四庫簡明目録標注》改。
〔四一〕〔四二〕藏園本、訂補本此下增：「長恩書屋本」。
〔四三〕邢澍：原誤作「邱澍」，莫繩孫朱筆在「邱」字右側畫綫示疑。今據《增訂四庫簡明目録標注》改。
〔四四〕此條上方，藏園本增有眉批語：「粤雅本」。
〔四五〕藏園本脱末句「善」字。
〔四六〕重刊者：藏園本、訂補本均作「重刊本」。
〔四七〕此條上方，藏園本增有眉批語：「近刊紹興本。杭局本。」
〔四八〕此條上方，藏園本增有眉批語：「劉卯生刊宋本。」
〔四九〕十子全書瓶花齋本：瓶，原作「收」，誤，據藏園本、訂補本改。
〔五〇〕此條上方，藏園本增有眉批語：「敏求記所指乃嘉靖本，胡氏特承其誤耳。」

郘亭知見傳本書目卷八

子部五　醫家類

黄帝素問二十四卷〔一〕

唐王冰注。明潘氏黄海本，吴勉學古今醫統本，近日鎮江新刊仿宋本。并二十四卷。明周曰校刊本，明趙簡王居敬堂刊本，并十二卷。明吴梯校刊本，十卷。天禄後目有黄帝内經合素問靈樞四十八卷。元至元己卯菖節古林書堂刊本併爲十二卷，末附素問入式奥論三卷，遺篇一卷，黑口，每頁二十三行，行二十三字，平津館有藏本。明嘉靖庚戌武陵顧從德翻雕宋本王注二十四卷，最善，十行，行二十字，注雙行，行卅字。

素問玄珠密語十卷〔二〕

舊題唐王冰撰，實宋人僞托也。陽湖孫氏有舊抄本。拜經樓有影寫宋本玄珠密語十六卷，每頁十六行，行十六字，陳鱣仲魚校過，謂後數卷脱遺若干頁，當以其藏本抄補足之。今吴本歸郘亭，檢道藏目録，道藏本實十七卷，當缺一卷，而仲魚以爲不缺。丁卯冬在丁禹生許見十卷本舊抄，校吴本多四篇，合三十篇，蓋即晁公武志所記之本，與道藏本卷數不合，而書較完，即諸缺頁亦可校補，雖公武斥其僞，而發明五運六氣，亦醫所不可廢也〔三〕。

素問釋義十卷

國朝張琦撰。道光十年宛鄰書屋刊本。

靈樞經十二卷

南宋史崧始傳于世。明趙府居敬堂本。周曰校刊作二十四卷。醫統本十二卷。昭文張氏有至元己卯庚辰刊本，目録後有「至元己卯古林胡氏新刊」一條，卷一後又有「至元庚辰菖節古林書堂印行」兩行〔四〕。

校定神農本草經三卷

國朝孫馮翼輯。問經堂叢書本。

難經本義二卷

周秦越人撰，元滑壽注。醫統本。明萬曆本九卷，内有寶命重刊。明王九思等集五家注五卷。守山閣刊本。又有日本國佚存叢書本。四庫未收。守山即據佚存本。

難經纂圖句解七卷

宋臨川李駉子埜句解。出道藏本。昭文張氏有此書〔五〕，李駉脉訣集解十二卷後。

難經集注五卷

明王九思等集注。是書集吴吕廣，唐楊元操，宋丁德用、虞庶、楊康侯各家之説。晁志云，德用于經文隱奥者爲圖以明之。則書中圖説殆德用所爲。是編日本人以活字擺印〔六〕。吕、楊各注今無傳，亦藉此以存。阮氏以進呈。

甲乙經十二卷

晉皇甫謐撰。吴勉學刊本十二卷。汲古閣有影宋抄本。張金吾有明正統六年抄本，題黄帝三部鍼灸甲乙經十二卷，後有「熙寧二年四月二十三日進呈，奉聖旨鏤板施行」一條。後列富弼、趙抃等銜名，末有題識，云琴川永惠堂俞氏家藏。

金匱要略論註二十四卷

漢張機撰，國朝徐彬註。醫統本三卷，無注。康熙辛亥刊本。

傷寒論註十卷附傷寒明理論三卷論方一卷

漢張機撰，晉王叔和編，金成無已註。明吴勉學刊本。傷寒論註，元大德甲辰孝永堂重刊本木長印，黑口，每頁二十四行，行二十四字，陽湖孫氏藏。昭文張氏有影抄金大定壬辰翻刊皇統甲子本，題傷寒論註解。

肘後備急方八卷

晉葛洪撰。陳永培刊六醴齋醫書本。元至正間翻本。明萬曆劉自化刊本。明李栻刊本，又名百一方。明嘉靖甲寅襄陽知府李容刊本。道藏本。道光戊申瓶花書屋刊本。

華氏中藏經三卷

漢華佗撰。明江澄中刊本。又古今醫統本。又平津館校刊本。掃葉山房本。阮氏以進呈，謂吴中有趙孟頫手寫本，分上中下三卷。隋志有華佗觀形察色并三部脉經，即其中卷也，文義古奥，非後人所能托〔七〕。

褚氏遺書一卷

題南齊褚澄撰。六醴齋刊本。廣百川學海本。格致叢書本。

巢氏諸病源候論五十卷

隋巢元方等奉敕撰。元刊細黑口本。明汪濟川方鑛刊本。嘉慶中單行本〔八〕。

脉經十卷〔九〕

晉王叔和撰，宋林億等校定。叔和高平人，官太醫令。是編依宋嘉定何大任刊本影抄，前有高保衡、孫奇〔一〇〕、林億校上序，卷末載熙寧二年進書銜名及紹聖三年國子監雕板札子，與世傳僞本絶不同。阮氏以進呈。明袁表刊本〔一一〕。又趙府居敬堂刊本〔一二〕。又醫統本。又守山閣本。醫統不全，袁本多誤，惟守山較善。四庫未録。張氏志有影元刊本〔一三〕，新刊王氏脈經晉王叔和撰，宋林億等類次。目録後有「天曆庚午歲廣勤葉氏刊」木記〔一四〕。

千金要方九十三卷

唐孫思邈撰。明華氏刊。萬曆戊子税氏刊。康熙二十八年張、喻二氏刊。宋刊黑口本三十卷，每頁二十四行，行二十二字。此九十三卷本出道藏〔一五〕。

千金翼方三十卷

唐孫思邈撰。明華氏刊本。萬曆間王氏刊本。

元和紀用經一卷

唐王冰撰〔一六〕。六醴齋刊本。

銀海精微二卷

唐孫思邈撰。萬曆十五年陳氏刊本。

千金寶要六卷

宋郭思伋從孫氏千金方擇要刻石者，有明景泰中秦王重刻石于耀州孫真人。舊拓本。又同時木刻本。平津館刊本。又阮氏所藏十七卷，依石本録副以進呈。

外臺秘要四十卷

唐王燾撰。明程衍道影宋本重刊。明末經餘居刊本。宋本每半頁十三行，行二十四字，吴門黄氏藏目録及第二卷，殘缺。

脉經一卷

唐歐甄權撰。抄本路小洲有。

顱顖經二卷

不著撰人。函海本一卷。

玉函經一卷

唐杜光庭撰。字聖賓，括蒼人，王建據蜀，官户部侍郎，歸老青城山。書中辭簡義深，黎民壽注亦多發明。阮氏以宋刊影鈔進呈。

折骨分經一卷

題綏安寧一玉撰，趙與時賓退録稱慶曆間廣西戮歐希範黨五十餘人，宜州推官吴一簡詳視之，圖其臟腑諸穴，以傳于世云云。路小洲有鈔本。

聖濟經十卷

宋徽宗御撰，辟雍學生昭武吴禔注。昭文張氏有明刊本。四庫未録〔一七〕。

重校正活人書十八卷

宋朱肱撰。昭文張氏有影宋抄本。四庫未録。

銅人鍼灸經七卷

不著撰人。明山西平陽府刊本。正統八年書林文宗堂刊本。平津館有此書，云勝今世所行七卷本。

明堂灸經八卷

題西方子撰。明山西平陽府刊本。明刊仿宋字本。元刊本，半頁十三行，行二十一字〔一八〕。

博濟方五卷

宋王衮撰。墨海金壺本。珠叢別録本。

蘇沈良方八卷

宋沈括撰。六醴齋本，十卷。知不足齋本。聚珍本。閩覆本。明刊本，前有圖。

壽親養老新書四卷

前一卷宋陳直撰，后三卷元鄒鉉續撰。四庫依元至正中刊本。天一閣目有刊本四册，不言卷數。格致叢書本一卷。

脚氣治法總要二卷

宋董汲撰。依閣本鈔。

旅舍備要方一卷

宋董汲撰。墨海金壺本。珠叢别録本。長恩書室本。又董汲撰小兒斑疹備急方一卷，有仿宋刊本。

素問入式運氣論奥三卷附黄帝内經素問遺經一卷

宋劉温舒撰。路小洲有宋刊本。陽湖孫氏有元刊本。姚若有元刊本〔一九〕。明鼇峰熊宗立點校重刊本所附宗立自撰素問運氣圖括完局立成一卷，四庫存目。

傷寒微旨二卷

宋韓祇和撰。天一閣目有抄本。墨海金壺本。珠叢别録本。長恩書室本。

傷寒總病論九卷附音訓一卷修治藥法一卷

宋龐安時撰，音訓及修治藥法龐安時門人董灼編。道光癸未士禮居仿宋本。吴門汪氏有宋刊小字本。

聖濟總録纂要二十六卷

宋政和中奉敕撰。乾隆五十年汪氏重校刊足本二百卷，内缺十卷。

證類本草三十卷

宋唐慎微撰。天禄後目有宋刊本一部，金刊本一部，元大德刊本一部。金貞祐二年刊本，附本草衍義二十卷。明又有萬曆戊戌刊本。證類本草，順治丙申刊本三十卷，序例二卷。明陳鳳梧刊本。陽湖孫氏有明刊本五種，別有元刊本，不附衍義，爲宋刊之舊。又另有宋刊寇宗奭本草衍義單行本。明成化戊子翻刻金泰和甲子晦明軒本。山東臬署刊。又嘉靖壬子重刊本。

又隆慶壬申重刊本。證類本草，宋大觀二年仁和縣尉艾晟序小字本。元大德壬寅宗文書院翻宋本。金刻有泰和六年提舉醫學曹效忠小字本。明萬曆丁丑王秋翻元大德本，所謂大觀本草也。萬曆己卯翻刊金泰和刊本，所謂政和本草也。萬曆己卯本，二十行，行二十一字。政和本二十四行，行二十三字。大觀本二十四行，行二十字。王秋刊本二十四行，行二十三字。

全生指迷方四卷

宋王貺撰。墨海金壺本。珠叢別録本。長恩書室本。

小兒衛生總微論方二十卷

宋嘉定丙午太醫局刻本，不著撰人。明刊黑口本。弘治己酉濟南朱臣刻于寧國府，改名保幼大全。

類證普濟本事方十卷

宋許叔微撰。四庫依宋板抄出，凡丸字皆作圓。有單行刊本〔二〇〕。

傷寒九十論一卷

宋白沙許叔微知可撰。諸家書目俱未著録，其書先列病症，後論治法，剖析頗精，見張氏志。胡珽琳琅秘室曾依張氏本活字印行。

類編朱氏集驗醫方十五卷

宋朱佐撰。佐字君輔，湘麓人，前有咸淳二年蘇景行序。凡所載宋氏醫書多不傳之笈。阮氏以進呈。

太平惠民和濟局方十卷

是書初創於元豐，重修於大觀，後紹興、寶慶、淳祐中又遞有所增加，蓋南宋醫院以此書爲祖本。元刊本。明刊本。道光十年渤海高氏續知不足齋本。又總論三卷，不足。學津討原本，不足。

洪氏集驗方五卷

宋洪遵撰輯。嘉慶己卯黄氏士禮居得季滄葦所藏宋本重刊。

衛生十全方三卷奇疾方一卷

宋夏德撰。

史載之方二卷

宋史載之撰。孫氏、阮氏并有。阮以進呈。

嚴氏明理論三卷後集一卷

宋嚴器之撰。阮氏曾以進呈。其書取寒證分五十門，詳爲論，又取仲景百二十方，擇世人常用者二十方，各係論爲後集。此從宋本影抄。

鷄峰普濟方三十卷

宋張鋭撰。近道光戊子年蘇州汪士鐘仿南宋本刊，中缺二、三、六、八，共四卷。

衛濟寶書二卷

題東軒居士撰。依閣鈔本。

王氏百一選方八卷

宋王璆撰。袁氏五硯樓藏寫本。四庫未收。銕樵云：王氏百一選方二十卷，曝書亭有元刊本三十卷，本葛洪肘後方而增廣之。

醫説十卷

宋張杲撰。宋刊大字本。明翻宋大字本。嘉靖間刊本，不題撰人。朱修伯曰：隆慶間刊周恭續編十八卷。

鍼灸資生經七卷〔二一〕

宋王執中撰。路小洲有元刊本。宋嘉定庚辰徐正卿刊本。紹定四年趙綸重刊。

婦人大全良方二十四卷

宋陳自明撰。宋刊本，每頁二十四行，行二十二字。

太醫局程文格九卷

不著撰人。静持室有依閣抄本。

三因極一病證方論十八卷

宋陳言撰。

產育寶慶方二卷[二二]

不著撰人。函海本。

集驗背疽方一卷

宋李迅撰。藝海樓依閣本鈔。

濟生方八卷

宋嚴用和撰。張氏目有濟生拔萃方十卷。

產寶諸方一卷

不著撰人。依閣本鈔。

仁齋直指二十六卷附傷寒類書活人總括七卷

宋楊士瀛撰。明嘉靖庚戌刊本。

急救仙方六卷

不著撰人。天一閣目有急救仙方十一卷，舊抄本。平津館有抄本十一卷。朱修伯曰：道藏本十一卷，林億校正。

素問元機原病式一卷

金劉完素撰。明刊醫統本。明吴勉學河間六書本，合二十七卷。

宣明方論十五卷

金劉完素撰。明刊醫統本。河間六書本。拜經樓藏元刊本七卷，每頁二十八行，行二十五字，後人翻刊，妄分爲十五卷。

錢氏小兒藥證真訣三卷

宋錢乙撰。聚珍板本。惜陰軒叢書本。坊間仿宋刊本〔一三〕。

閻氏方一卷

宋閻孝忠撰。孝忠一作季忠。前錢氏小兒方，即閻氏所編。有仿宋刊本。

陳氏小兒病源方論四卷

金陳文忠撰。字文秀，宿州符離人，官太常，明小方脉，于小兒瘡疹尤造其妙。金亡歸宋，處漣水十五年，詳鄭全序。阮氏依宋刻影寫進呈。

圖解素問要旨論八卷

金劉完素守真撰，馬重素重編。阮氏從金板影寫以進呈。

傷寒直格方三卷傷寒標本心法類萃二卷

金劉完素撰。醫統刊心法類萃二卷。

病機氣宜保命集三卷

金張元素撰。醫統本。河間六書本。濟生拔萃本。明初寧王權刊本。

醫學啓源三卷

金張元素撰。黄丕烈有此書，即錢遵王物，有蘭泉老人張建吉甫序，亦金人，見張氏志，謂敏求記外無著録者。

儒門事親十五卷

金張從正撰。醫統本。

内外傷辨惑論三卷

金李杲撰。明吴勉學刊醫統本。東垣十書合二十卷，另崔真人脉訣一卷，入存目。

脾胃論三卷

金李杲撰。醫統本。東垣十書本。濟生拔萃本。

蘭室秘藏六卷

金李杲撰。醫統本。東垣十書本。濟生拔萃本。元刊黑口巾箱本，頁二十行，行十七字，前有至元丙子羅天益序。藏陽湖孫氏。

醫壘元戎十二卷

元王好古撰。東垣十書作一卷。醫統本。濟生拔萃本。嘉靖癸卯顧遂刊本。萬曆癸巳屠本畯刊本。

此事難知二卷

元王好古撰。東垣十書本。醫統本。濟生拔萃本。汲古有舊抄本，云與東垣十書中細校，大有不同。

湯液本草三卷

元王好古撰。東垣十書本。醫統本。又湯液大法四卷，陰陽略例一卷，癍論萃英一卷，錢氏補遺一卷。

新刊惠民御藥方院二十卷

元御藥院編集，分十七門，凡一千七百十二方，蓋金源舊本而遞有增益。自明文淵閣書目外無著録者。元至元刊本，見張氏志。

鍼灸四書八卷

元建安竇桂芳編。文淵閣書目著録，凡四種：一曰流注指微鍼賦，南唐何若愚撰集，常山閻明廣注，據閻序，何、閻并金人，賦後即附明廣子午流注鍼經合三卷；一曰鍼經指南一卷，金竇傑漢卿撰，宋、金時有兩竇漢卿，同時同名字，且同以醫顯，金之漢卿仕至太師，即撰鍼經指南者，宋之漢卿隱居不仕，即桂芳之父；一曰黄帝明堂灸經，凡三卷；一曰灸膏肓俞穴法一卷，宋清源莊綽季裕撰，宋史藝文志著録；合四種爲鍼灸四書，凡八卷。桂芳序後有「皇慶壬子中元燕山活濟堂刊」木記，亦見張氏志影元刊本。

衛生寶鑑二十四卷補遺一卷

元世藁城羅天一謙甫撰。惜陰軒叢書刊本。又有明永樂刊本，見張氏志。

永類鈐方三十二卷

元李仲南編輯。路小洲有元至順刊本，係汲古舊藏，有印記。

瑞竹堂經驗方五卷

元沙圖穆蘇撰。昭文張氏有明刊足本十五卷，分十五門，門一卷。天順時蜀板。元刊本五卷，殘帙四至八，亦見張志。

世醫得效方二十卷

元危亦林撰。汲古閣有元刊本。

格致餘論一卷

元朱震亨撰。吴勉學刊。東垣十書本。醫統本。

局方發揮一卷

元朱震亨撰。東垣十書本。醫統本。

金匱鉤玄三卷

元朱震亨撰。東垣十書本。醫統本。

扁鵲神應鍼灸玉龍經一卷

元王國瑞撰。四庫依二老閣抄本。

丹溪心法一卷附録一卷

元朱震亨撰。明程充校刊本。又方廣刊本二十四卷，脉法指掌病式圖説一卷，醫法發明一卷，活法機要一卷，并朱氏撰。吴勉學校刊。

活幼新書决證詩賦三卷

元曾世榮編次。字德顯，衡州人，業醫三十年，取平日閲證用藥已效者著爲方論歌括。文淵閣、焦氏俱著録。錢氏補志云二卷，蓋未見足本。張氏志，元至元刊本。

類編南北經驗醫方大成十卷

元文江孫允賢編纂。張金吾藏元刊本〔二四〕。

外科精義二卷

元齊得之撰。東垣十書本。醫統本。

脉訣刊誤二卷附録二卷

元戴啓宗撰。明嘉靖間祁門汪機刊本。指海本。

醫經溯洄集一卷

元王履撰。東垣十書本。吴氏刊本。醫統本。

奇效良方六十五卷

一作六十九卷，明方賢撰。有刊本。

衛生易簡方十二卷

明胡濙撰。嘉靖中刊本。

普濟方四百二十六卷

明周定王朱橚撰。四庫依天一閣抄本。

推求師意二卷

明戴原禮撰。明嘉靖中陳桷刊本。

玉機微義五十卷

明徐用誠撰。嘉靖元年金臺汪諒刊翻元本。嘉靖庚寅延平黄焯刊。康熙癸未長洲沈氏重刊。

仁端録十六卷

明徐謙撰。四庫依抄本。

薛氏醫案七十八卷

明薛己撰。明秀水沈氏刊本。天啓丁卯朱明重刊本。又有坊刊本，附十四經發揮諸書，劣。

鍼灸問對三卷

明汪機撰。嘉靖壬辰刊。

外科理例七卷附方一卷

明汪機撰。嘉靖辛卯刊。

石山醫案三卷附録一卷

明陳桷撰。汪石山醫學七書刊本。

名醫類案十二卷

明江瓘撰。明萬曆刊本。乾隆庚寅知不足齋刊本。

赤水元珠三十卷

明孫一奎撰。杭州吴氏刊本。

醫旨緒餘二卷

明孫一奎撰。杭州吴氏刊。

證治準繩一百二十卷〔一二五〕

明王肯堂撰。明刊本。近有程氏新刊本。

本草綱目五十二卷

明李時珍撰。明萬曆癸卯刊。崇禎庚辰刊。太和堂刊本。順治中刊本。康熙甲子重刊。

雍正十三年重刊。近年刊巾箱本。

本草綱目拾遺十卷

錢塘趙學敏恕軒撰。拾李時珍之遺，首載正誤一卷，自序題庚寅仲春。時珍子建元進綱目在萬曆二十四年丙申，此後庚寅即順治七年也〔三六〕。述所著利濟十二種，唯此僅存。

奇經八脉考一卷

明李時珍撰。附刊綱目後。

瀕湖脉學一卷

明李時珍撰。附刊綱目後。

傷寒論條辨八卷附本草鈔一卷或問一卷痓書一卷

明方有執撰。萬曆壬辰刊。萬曆癸巳補拙齋刊。康熙甲寅重刊。

先醒齋廣筆記四卷

明繆希雍撰。種德堂重刊本。

神農本草經疏三十卷

明繆希雍撰。綠君亭刊本。

類經三十二卷

明張介賓編。明天啓重刊本。

景岳全書六十四卷

明張介賓撰。寅畏堂刊本。又坊刊小字本。

瘟疫論二卷補遺一卷

明吴有性撰。何玉林刊本。

痎瘧論疏一卷

明盧之頤撰。醫林指月本。

御定醫宗金鑑九十卷

乾隆四年大學士鄂爾泰奉敕撰。内府刊本。外省翻本。又外刊小字本。

尚論篇八卷

國朝喻昌撰。乾隆二十八年刊本。建昌程氏葵錦堂刊本，四卷。

醫門法律六卷附寓意草一卷

國朝喻昌撰。通行本。

傷寒舌鑑一卷

國朝張登撰。張氏醫書本。

傷寒兼證析義一卷

國朝張倬撰。張氏醫書本。

東醫寶鑑二十三卷

明高麗許浚撰。高麗刊本。

絳雪園古方選注三卷附得宜本草一卷

國朝王子接撰。雍正十年刊本。

神農本草經百種録一卷

國朝徐大椿撰。乾隆中刊，半松齋六種本。

蘭臺軌範八卷

國朝徐大椿撰。半松齋六種本。

傷寒類方一卷

國朝徐大椿撰。半松齋六種本。

醫學源流論二卷

國朝徐大椿撰。半松齋六種本。

臨證指南醫案十卷

國朝葉桂撰。有刊本。又徐批套板本。

療馬集六卷附牛經一卷駝經一卷

明喻本元、本亨同撰。坊刊本。

本經疏證十二卷本經序疏要八卷本經續疏六卷

武進鄒澍學道光己酉序刊。

子部六　天文算法類

周髀算經二卷音義一卷

古本莫知誰作，趙爽注。隋志作趙嬰，未詳孰是。明趙開美刊本。秘册彙函本。唐宋叢書本。漢魏叢書本。學津討原本。津逮秘書本。津逮本附徐岳術數記遺一卷。周髀聚珍板本。閩覆本。孔氏微波榭刊。戴校算經十書本。

甘石星經二卷

漢甘公、石申撰。漢魏叢書、津逮秘書并有。四庫存目。

天文大象賦

隋李播撰，宋苗爲注。陽湖孫氏刊入續古文苑。

新儀象法要三卷

宋蘇頌撰。守山閣本。路小洲有宋刊本。張氏志有影宋刊本。末有「乾道壬辰九月九日，吴興施元之刊本于三衢坐嘯齋」二行，錢曾舊藏。

銅壺漏箭制度一卷

不著撰人。紹興初韓仲通守明州，造蓮花刻漏，簽判許堯昌爲撰記銘，淳祐時郡守顔頤仲刊之。文淵閣目著録。吴門黄氏舊抄，張金吾藏本。

準齋心製几漏圖式一卷

宋孫逢古撰。文淵閣目有。吴門黄氏舊抄，張金吾藏。

六經天文編二卷

宋王應麟撰。玉海後附元刊本。至元六年王厚孫刊。今刊玉海附本。學津討原本。路小洲有宋刊本。雷學淇有古經天象考十二卷，圖説一卷，道光十九年刊。

原本革象新書五卷

元趙友欽撰。養新録有元刊本不分卷。

重修革象新書二卷

元趙友欽撰。明嘉靖戊午張淵刊本。

大宋寶祐四年丙辰歲會天萬年興注曆一卷

宋荆執禮等算造具注頒行。前列是歲節氣時刻，每月、日下具注吉凶星、宜某事、人神在某處等類，與今時憲書大略同。至所謂辟卦、公卦、侯卦、卿卦、大夫卦，則漢焦延壽分卦值日法也。抄本，有竹垞跋，見張金吾書志。阮文達撫浙，曾録以進呈。丙寅歲六月，在滬見蔣敦復收舊抄。

七政推步七卷

明貝琳撰。路氏有舊抄本。

聖壽萬年曆八卷附律曆融通四卷

明鄭王世子朱載堉撰。明刊樂律全書本。

今古律曆考七十二卷

明邢雲路撰。明萬曆戊申刊本。

乾坤體義二卷

明西洋利瑪竇撰。明萬曆間余永寧重刊本。

表度説一卷

明西洋熊三拔撰。明刊天學初函本〔二七〕。

簡平儀説一卷

明西洋熊三拔撰。明刊天學初函本。守山閣本〔二八〕。

天問略一卷

明西洋陽瑪諾撰。明刊天學初函本。

新法算書一百卷

明徐光啓與西洋龍華民等同撰。順治、康熙先後刊本。

測量法義一卷測量異同一卷勾股義一卷

明徐光啓撰。天學初函本，無異同一卷。指海本。

渾蓋通憲圖説二卷

明李之藻撰。天學初函本。守山閣本。

圜容較義一卷

明李之藻撰。天學初函本。守山閣本。

歷體略三卷

明王英明撰。萬曆壬子刊。順治丙戌刊。崇禎己卯刊。

御定歷象考成四十二卷

康熙十三年聖祖仁皇帝御撰。官刊本。

御定歷象考成後編十卷

乾隆二年奉敕撰。官刊本。

御定儀象考成三十二卷

乾隆九年奉敕撰。官刊本〔二九〕。

御定儀象考成續編三十二卷〔三〇〕

道光四年奉敕撰。官刊本。

靈臺儀象志十六卷

國朝西洋南懷仁撰。四庫漏收。官刊本。

曉庵新法六卷

國朝王錫闡撰。守山閣本。

中星譜一卷

國朝胡亶撰。康熙中刊本。

天經或問前集一卷

國朝游藝撰。康熙中刊。

天步真原一卷

國朝薛鳳祚撰。指海本。守山閣本。

天學會通一卷

國朝薛鳳祚撰。乾隆中刊。

曆算全書六十卷

國朝梅文鼎撰。魏氏兼濟堂本。梅瑴成重編本附録二卷，題梅氏叢書輯要，佳。存目。李光地刊六種十八卷。蔡𩞀刊本十七種四十三卷，皆不全〔三一〕。

勿庵曆算書記一卷

國朝梅文鼎撰。知不足齋刊。

天學疑問一卷

國朝梅文鼎撰。静持堂有抄本。

觀象授時十四卷

秦蕙田五禮通考中之一門。阮經解摘録。

經書算學天文考一卷

國朝陳懋齡撰刊〔三二〕。

高厚蒙求不分卷分爲五集附南北極二大圖

國朝徐朝俊撰。嘉慶、道光次第刊本。

赤道經緯恒星圖三十頁

李兆洛用高厚蒙求及令典星圖之式十二宮分作鼛鼓形，又分南北，共二十四片，并南北極二小圖，以符天形隆窔之狀，又細載無名星，分六等，以便仰觀。

黃道經緯恒星圖及地球圖各二合爲二幅

戴進賢圖。圖雖小而頗精確，京城廊房胡同頭條售之〔三三〕。

三統歷術三卷鈐一卷

錢大昕撰刊。

圜天圖說三卷續二卷

廣州道士李明徹撰。乾隆己卯刊。

地球圖說二卷圖一卷

西洋蔣友仁撰譯，何國宗、錢大昕同潤色，李鋭補圖。揚州阮氏刊本。

中西經星同異考一卷

國朝梅文鼏撰。指海本[三四]。

全史日至源流三十二卷

國朝許伯政撰。四庫依抄本。

算學八卷續一卷

國朝江永撰。守山閣本作數學。

右天文算法推步之屬

九章算術九卷

聚珍板本。閩覆本。不著撰人。孔氏微波榭本。連周髀及此下九種共題戴氏校定算經十書。編戴氏遺書中。

孫子算經三卷

不著撰人。聚珍本。閩覆本。微波榭本。知不足齋本。

術數記遺一卷

漢徐岳撰。説郛本。秘册彙函本。津逮本。學津本。微波榭本。

海島算經一卷

晉劉徽撰，唐李淳風注。聚珍本。閩覆本、蘇杭縮本。微波榭本。

五曹算經五卷

不著撰人。聚珍本。閩覆本。微波榭本。知不足齋本。

夏侯陽算經三卷

題夏侯陽撰。聚珍本。閩覆本。蘇杭湖縮本〔三五〕。微波榭本。知不足齋本。

張邱建算經三卷

題張邱建撰。微波榭本。知不足齋本。

五經算術二卷

北周甄鸞撰，唐李淳風注。提要作二卷。聚珍本。閩覆本。微波榭本。

緝古算經一卷

唐王孝通撰并自注。微波榭本。函海本。知不足齋本。陳杰撰細草一卷，成都龍氏敷文閣刊。又圖解一卷，音義一卷。又張敦仁撰細草三卷。

數學九章十八卷

宋秦九韶撰。郁氏宜稼堂叢書本附札記四卷，宋景昌撰。昭文張氏有明人舊鈔足本，郁刊疑即據此。張氏志云：脉望館藏數書九章十八卷，舊鈔。四庫著録出永樂大典，此其原本也。

注解九章算法一卷注解九章算法纂類一卷

宋楊輝撰。道光中上海郁氏宜稼堂刊，附札記一卷。

續古摘奇算法一卷

宋楊輝撰。宜稼堂刊本，共六卷。

楊氏算法三卷

宋楊輝撰〔三六〕。輝錢塘人，書成于德祐間。分田畝比類乘除捷法及算法通變本末爲上卷，乘除通變算法爲中卷，算法取用本末爲下卷，末附續古摘奇一卷。于古算經若五曹、張邱建諸家多疏通而證明之，又于五曹多正其誤答，與秦九韶數學九章并習算家所宜究心者。阮氏以進呈。道光中郁松年刊入宜稼堂叢書，附札記。

透簾細草一卷

不著撰人。知不足齋刊本。

四元玉鑑三卷

元朱世傑撰。世傑字漢卿，號松亭，不知何處人。前有大德癸卯臨川前進士莫若序。阮氏有影舊鈔以進呈〔三七〕。羅士琳撰細草二十二卷。

丁巨算法一卷

元丁巨撰。知不足齋刊本。

疇人傳四十六卷

阮元撰。嘉慶間刊本。

續疇人傳六卷

羅士琳撰。道光中刊本。

測圓海鏡十二卷

元李冶撰。知不足齋本并李鋭細草十二卷同刊。

測圓海鏡分類釋術十卷

明顧應祥撰。明刊。

益古演段二卷

元李治撰。知不足齋本。錢遵王家有三卷本。

弧矢算術一卷

明顧應祥撰。明刊。知不足齋本并李鋭細草一卷。

同文算指前編二卷通編八卷

明李之藻撰演。明刊天學初函本。姚若有抄本，後多一卷。

嘉量算經三卷

明朱載堉撰。載堉，鄭恭王厚烷世子，所著樂律全書已著録，其律呂精義内有據粟氏爲量内方尺而圜其外之文，謂圜經即方斜，命黄鍾正律爲尺，而用勾股法相求。此書蓋即其意而推衍之，成書最晚，皆得諸心解，固非空言無徵者所能及也。阮氏曾以進呈。

籌疛一卷

國初西士羅雅谷撰。静持室有抄本。

幾何原本六卷

西洋薩几里得撰。利瑪竇譯。明天學初函本。

御製數理精藴五十三卷

康熙五十二年聖祖仁皇帝御撰。

幾何論約七卷

國朝杜知耕撰。康熙庚辰刊。

戴震勾股割圜記三卷策算一卷〔三八〕

并微波榭刊。戴氏遺書本〔三九〕。

李氏遺書十八卷

李鋭撰。凡曆算書十一種。道光癸未刊本。

里堂學算記十六卷

國朝焦循撰。凡五種。焦氏叢書本。

董方立遺書十六卷

董祐誠撰。凡九種。道光九年刊。

翠微山房算學四十五卷

張作楠撰。凡十五種。嘉慶二十五年刊。

衡齋算學七卷

汪萊撰。嘉慶中刊本。

視學二卷

年希堯撰。刊一巨册，繪圖極精。

數學鑰六卷

國朝杜知耕撰。康熙中刊。

數度衍二十四卷附録一卷

國朝方中通撰。繼聲堂刊本二十三卷，卷首三卷。

勾股引蒙五卷

國朝陳訏撰。康熙中陳氏刊。

勾股矩測解原二卷

國朝黄百家撰。乾隆中刊。

少廣補遺一卷

國朝陳世仁撰。孔氏叢書本有少廣正負術内外篇六卷，孔廣森撰。

莊氏算學八卷

國朝莊亨陽撰。

九章録要十二卷

國朝屠文漪撰。乾隆中刊本。

右天文算法類算書之屬

【校勘記】

〔一〕《持静齋藏書記要》卷上記是書「明嘉靖庚戌顧從德覆刊宋本，佳。」又，此條上方，藏園本增有眉批語「明成化熊宗香刻本亦有素問入式奥論。」

〔二〕《持静齋藏書記要》卷下記此書舊鈔本與是書相合，記語可互參。然丁禹生持静齋所藏此書舊鈔本書名作「《素問六氣玄珠密語》十卷」，此書名無「六氣」二字。

〔三〕廢：藏園本誤爲「發」。

〔四〕兩行：訂補本誤爲「二行」。古林書堂印行兩行：藏園本誤作「古節書堂」。又，藏園本、訂補本此下增：「明成化刊本。」

〔五〕此書：藏園本、訂補本均脱「書」字。

〔六〕《持静齋藏書記要》卷上記是書云：「《四庫》未收。嘉慶癸亥日本人活字印本。」

〔七〕所能托：訂補本「托」字前有一「假」字。

〔八〕藏園本、訂補本此下增：「明吴勉學本，在醫統，善。」

〔九〕此條上方，藏園本增有眉批語：「明覆宋何大任本，即阮進本所從出也。無覆刊年月人名，絶精，故世以爲宋槧，楹書偶録亦然。」

〔一〇〕孫奇：原作「孫寄」，誤；藏園本、訂補本作「孫奇」，是，據改。

〔一一〕藏園本、訂補本此句後增：「此書四庫未録，而存目圖注脉訣提要云『今脉經十卷，尚有明趙邸居敬堂所刊林億校本云』，則當有趙府居敬堂刊本。」

〔一二〕居敬堂：原誤作「居敬卷」；藏園本、訂補本作「居敬堂」，是，據改。

〔一三〕訂補本「張氏志」下脱「有」字。

〔一四〕藏園本、訂補本此下增：「元有泰定四年本。明成化重刊泰定本，據宋廣西漕司刊本。天啓丙寅沈氏刊本。」

〔一五〕藏園本、訂補本此下增「明喬氏世定小丘山房刊」。

〔一六〕王冰：原作「王永」。此條上方原有朱筆旁注曰：「永，恐是『冰』字，須查元稿。」按藏園本、訂補本均作「王冰」字，是，據改。

〔一七〕四庫未録：藏園本、訂補本均脱。

〔一八〕元刊本半頁十三行行二十一字：藏園本、訂補本均脱。

〔一九〕此下文字，藏園本、訂補本此下均脱。

〔二〇〕藏園本、訂補本此下增：「日本有續本事方十卷，曾收日本刊本校宋本。」

〔二一〕「鍼灸」：藏園本誤爲「鍼炙」。

〔二二〕《持静齋藏書記要》卷下記是書名爲「《産育寶慶集方》二卷」，書名多「集」字。記語云：「依閣鈔《永樂大典》本」。

〔二三〕藏園本、訂補本此下增：「明熊宗立類證注釋本十卷」。

〔二四〕「元刊本」：藏園本、訂補本均脱「刊」字。

〔二五〕此條上方，藏園本、訂補本增有眉批語：「程榮培刻細字本，佳。」

〔二六〕此言「庚寅即順治七年也」有誤。《續修四庫全書總目提要》著録乾隆時人趙學敏「庚寅自序」本《本草綱目拾遺》，則此「庚寅」乃爲乾隆三十五年，非「順治七年」。

〔二七〕藏園本、訂補本此下均增：「守山閣本」。

〔二八〕藏園本、訂補本均脱「守山閣本」。

〔二九〕藏園本誤爲：「道光四年奉敕撰。官刊本。」

〔三〇〕此條藏園本、訂補本均脱。

〔三一〕藏園本、訂補本均脱「皆」字。

〔三二〕撰刊：藏園本、訂補本均作「撰。刊本。」

〔三三〕廊房胡同頭條：藏園本、訂補本均作：「廊坊頭條胡同」。

〔三四〕鼒：原作「鼐」，誤，據《中國古籍善本書目》改。藏園本、訂補本均作「鼎」，亦誤。

〔三五〕藏園本、訂補本均脱「湖」字。

〔三六〕藏園本、訂補本均誤作「楊日輝」。

〔三七〕藏園本、訂補本此句均作：「阮氏有舊鈔本，影鈔進呈。」

〔三八〕藏園本、訂補本此書名均脱「戴震」，而解題增「國朝戴震撰。」

〔三九〕「并微波榭刊。戴氏遺書本」：莫繩孫原鈔本原爲大字，後用朱筆改爲雙行小注字，且於書眉批云：「『并微波榭刊』十字應側書」。